Le pêcheur et le poisson bleu

Michel Dillange

Le pêcheur et le poisson bleu

et autres nouvelles

Éditions Les Chantuseries

12, rue de la Chapelle
Le Poiré-sur-Vie
85170
editions.leschantuseries@gmail.com

ISBN : 978-2-9535472-4-5

Le pêcheur et le poisson bleu

Au nord de la région autonome Zhuang du Guangxi, vivait un pauvre pêcheur appelé Wong. Il habitait une petite maison de briques mal cuites dans le village de Xing-Ping, au bord de la rivière Li. En ce temps là, le pays était plat comme une assiette de porcelaine et les cours d'eau s'y promenaient à leur gré, en changeant de lit suivant les saisons. Tous les matins, Wong partait, son filet sur l'épaule, retrouver son radeau. Celui-ci, comme tous ceux qui flottaient sur la rivière, était formé de cinq bambous liés entre eux. A l'avant, se trouvait un panier rond au bord duquel était perché le cormoran du pêcheur.

A l'aide d'une longue perche, Wong gagnait le milieu du courant et là, accroupi à côté de l'oiseau, il attrapait avec son filet ces crevettes translucides dont les gens de la ville sont si friands. En même temps, il guettait les poissons à grosse tête qui se laissaient dériver au ras de la surface. C'est alors que le cormoran intervenait et son bec ne leur laissait aucune chance. Le soir, à la nuit tombée, le pêcheur regagnait sa pauvre maison où l'attendaient sa femme Ying et ses enfants. Ces derniers s'occupaient du petit champ de légumes et surveillaient le buffle qui, de l'eau jusqu'au garrot, pâturait au milieu de la rivière.

Leur existence était dure. L'hiver, le poisson était rare et la faim visitait souvent la famille démunie. A la belle saison, la pêche était bonne, toutefois, la vie n'était pas plus facile pour autant. Les armées des Seigneurs de la guerre battaient la campagne et les soldats préféraient piller les paysans plutôt que de chercher l'ennemi. A chacun de leurs passages, il fallait se cacher dans les bambous de la rive et, après leur départ, la maison était en piteux état, quand elle n'était pas brûlée. Wong trouvait cela injuste, mais le père de son père en avait souffert avant lui et, aussi loin que remontait le souvenir des hommes du village, il en avait toujours été ainsi.

Ce jour-là, Wong rentre chez lui, lorsqu'il aperçoit quelque chose de brillant sur un banc de gravier, au milieu de la rivière. En s'approchant, il voit un gros poisson aux nageoires bleues qui s'est échoué. Comme la pêche a été bonne, son panier est plein. Alors, au lieu de le ramasser, il le remet à l'eau en disant : *« Père des poissons, que ta descendance soit innombrable et remplisse mes filets ! »* Le poisson bleu plonge jusqu'au fond, puis remonte à la surface et escorte le radeau. Tandis que Wong tire son esquif au sec, le poisson sort la tête hors de l'eau et lui dit : *« Wong, je suis le génie de la rivière Li. C'est moi qui met du poisson dans tes filets. Je te connais depuis longtemps. Tu es un homme au cœur simple et tu ne demandes jamais à la rivière plus que ce dont tu as besoin.*

Tu l'as montré aujourd'hui encore. Dis-moi ce que tu désires. Je te l'accorderai. »

Wong s'arrête, à peine étonné. Durant sa jeunesse, il a trop entendu d'histoires fantastiques sur les revenants, les dragons et les renardes qui prennent forme humaine, pour s'effrayer d'un poisson qui parle. Poliment, il pose son filet et la perche de bambou où est perché son cormoran. Il s'incline et répond : *« Père des poissons, je te remercie de ta bienveillance. Mais que pourrait souhaiter un pauvre pêcheur comme moi ? Tu garnis régulièrement mon filet et, dans ma petite rizière, le riz pousse normalement en me donnant, chaque année, trois récoltes. J'ai de quoi vivre, ma famille et moi, alors de quoi me plaindrais-je ? J'ai même assez pour faire l'aumône, comme il se doit, et je n'oublie jamais d'aller, chaque mois, prier au pied de la petite pagode à cinq étages qui se dresse au-dessus des champs de thé, sur la colline des Parfums Accumulés. Pourtant, il y a une chose qui m'est difficile à vivre : c'est le passage trop fréquent des hommes de guerre qui, pour la plus grande gloire de l'Empereur (que le Ciel le protège !) ou d'un général dont j'ignore le nom, viennent nous faire violence et piller nos humbles maisons. Alors, toi qui veille sur la rivière Li et sur tous ceux qui vivent sur ses bords, pourquoi ne lèves-tu pas ta propre armée pour nous défendre ? »*

Wong se tait. Il n'a jamais parlé aussi longtemps et il se rend compte qu'il est bien hardi, pour un pauvre pêcheur, de se montrer si bavard. Il s'incline très respectueusement devant le génie de la rivière et ajoute : « *L'insignifiante personne qui est devant toi, ô Père des poissons, te demande humblement de bien vouloir accepter ses excuses pour avoir eu l'audace de t'adresser une prière aussi exorbitante.* »

Le génie sourit, autant qu'un poisson puisse le faire et répond :

— Il sera fait selon ton désir. Je vais mettre autour de la rivière une armée de géants et nul soldat n'osera plus y faire boire son cheval. Toutefois, comme le veulent les usages, de ton côté, tu dois m'allouer un cadeau.

— Que pourrait donner un pauvre pêcheur au Père des poissons dont la puissance s'étend sur tout ce qui vit dans la rivière et sur ses bords ?

— Je voudrais une de tes dents pour croquer plus facilement les galettes de blé dur.

Wong est bien ennuyé. Il y a longtemps qu'il a perdu la plupart de ses dents et, devant en particulier, il ne lui en reste plus qu'une. Elle lui est bien utile pour assouplir les fibres de bambou qui lui servent à faire des paniers ou à réparer son radeau. Cependant, il lui est bien difficile de refuser ; alors, il opine du chef en signe d'assentiment. Aussitôt, le gros poisson donne un formidable coup de queue dans l'eau. Wong est tout éclaboussé ainsi que son cormoran. Ce dernier bat des ailes et penche la tête de côté, en regardant le poisson d'un air étonné. Le bruit qui court sur la rivière ressemble à celui que font les battoirs des femmes quand elles lavent leur linge. Il se répercute tout le long des rives. Le son ne s'est pas encore éteint que le sol se met à trembler. Alors, comme les champignons noirs poussent après la pluie, de la terre entrouverte, sortent, çà et là, les crânes des géants promis.

Il ne reste plus à Wong qu'à tenir sa promesse. Il tire sur son incisive unique qui se détache facilement. C'est un chicot jauni comme un vieil ivoire. Il regarde la dent et la laisse un instant dans le creux de sa paume, puis, en soupirant, il la lance au poisson. Celui-ci ne réussit pas à l'attraper au vol et la dent s'enfonce dans l'eau. Le génie de la rivière tente de la suivre, mais avant qu'il ait pu l'atteindre, le cormoran a plongé. D'un coup de son aile noire, l'oiseau bouscule le poisson bleu et, de son bec agile, se saisit de la dent avant qu'elle ne touche le fond. Puis, il remonte sur la rive et dépose sa prise dans la main de son maître. Celui-ci, tout heureux, la remet dans sa bouche. Le poisson proteste avec véhémence et réclame son dû. Wong prend un air étonné et répond : *« Je ne comprends pas ta colère, Père des poissons. J'ai tenu ma promesse et t'ai donné ma dent. Il se trouve que mon cormoran vient de m'en apporter une. Qui peut affirmer que c'est la même ? »*

Le génie de la rivière Li ne répond pas. Il tourne sur lui-même et disparait dans un tourbillon. A l'instant, le grondement s'arrête et tout devient immobile. Depuis, l'eau s'écoule entre des reliefs escarpés, à l'aspect étrange, qui font la renommée de la ville de Guilin. Ce sont les têtes pétrifiées des géants qui montent la garde. Dès lors, les armées ne se risquent plus dans ce dédale de pierre, propice aux embuscades. Mais des brigands sont venus s'établir dans les grottes qui s'ouvrent au pied de certaines falaises. Ainsi, les pêcheurs continuent à être régulièrement pillés. Désormais, ce sont toujours par les mêmes voleurs auxquels il est bien difficile d'échapper, alors qu'autrefois, les pillards changeaient d'une fois sur l'autre et il était possible de se cacher. Wong ne trouve pas que la différence lui soit particulièrement favorable. Il regrette d'avoir gardé sa dent car, dès l'année suivante, pour échapper aux brigands, il aurait donné ses molaires avec son incisive ! Mais jamais il n'a revu le poisson aux nageoires bleues.

Cette histoire m'a été racontée par un vieux cormoran dont le crâne était aussi lisse et blanc qu'un œuf. Il prétendait même avoir assisté à la scène. Mais, souvent, les vieillards croient avoir vécu les fables qu'ils inventent.

La casquette

Pino est indigné. Dans le bar de Luigi le Grec, il le crie, il le clame. Lui, d'habitude si placide, il gesticule. Il en oublie même de boire son verre de vin blanc de l'Etna. Autour de lui, les autres pêcheurs l'approuvent. Ces continentaux sont impossibles ; ils se croient tout permis. Il est grand temps de leur montrer que Cefalû est en Sicile et qu'ils n'y feront pas la loi.

Pour les gens d'ici, rien n'est plus beau que leur ville. Ils savent tous que c'est la plus ancienne de la Grande Île. Ce sont des messieurs venus de Rome, des savants du nord, qui l'ont dit et, pour une fois, personne n'a contredit les étrangers. Pipo, vous savez, un des serveurs du *Santa Lucia,* cet hôtel qui domine la côte ouest, sur la route de Messine, Pipo les a entendus parler entre eux. Ainsi, avant même les Grecs, il y avait des hommes préhistoriques dans les grottes, au pied de la « Roche ». Les pêcheurs ne savent pas très bien à quoi cela correspond, mais ils en parlent avec orgueil.

En revanche, ils n'ont besoin de personne pour reconnaître qu'il n'y a pas plus magnifique que leur cathédrale. Ils sont fiers de ses mosaïques dont les fonds d'or sont une richesse qui appartient un peu à chacun d'eux. Comme ils l'aiment leur ville de

Cefalû avec ses petites maisons claires, serrées entre le Duomo et le port, le long de ses rues parallèles au pavage irrégulier. Il fait bon y vivre et, la journée finie, tous se retrouvent dans un des bars minuscules de la vieille cité, pour un café, une bière, un amer ou, comme Pino, un verre de ce vin *verde* qui agace la langue.

De plus, de là-haut, tous les touristes pourront faire une photographie du chevet de la cathédrale. Cela fera du tort à la femme de Ciccio qui vend si bien ses broderies en ouvrant son jardin aux étrangers, car il n'y a que de chez elle que l'on peut voir les sculptures des absides. Enfin, tout cela c'était l'affaire de la Ville; ce n'était pas son problème.

Par contre, là où il n'était plus d'accord, c'est que ce couillon du nord voulait installer sa mécanique de malheur à la place de sa maison, à lui Pino ! La maison de son père et de son grand-père, pas bien grande, pas bien belle, mais qui était la sienne. Celle où il était né; celle où il avait vécu avec Angélina, sa pauvre femme qui était maintenant au cimetière. « *Que la Madone la protège* » ajoute-t-il en faisant le signe de croix. Alors, il n'est pas question qu'il s'en aille. Il est encore vaillant malgré son poil blanc. N'est-il pas encore capable de pêcher comme les autres ? Il a le droit pour lui et ce n'est pas un juge de Palerme qui le fera partir. D'ailleurs, Don Salluste saura le défendre.

En parlant de lui, Pino baisse la voix. Tout le monde sait que Don Salluste a bon cœur. Il est riche et prête aux pauvres. Il a payé la barque de Pino quand celui-ci a été obligé de changer son vieux bateau. Bien sûr, en échange, il lui demande de menus services. Chez Luigi, tout le monde a été dans le même cas. Personne n'en parle, mais qui n'a pas fait, pour lui, quelques petits transports ? Il s'agit simplement d'aller chercher des colis au large, la nuit, discrètement. Qu'y a-t-il dans les paquets ? Personne ne veut le savoir. Don Salluste est l'ami des pauvres pêcheurs et cela suffit !

Fort de l'approbation générale, Pino sort du café de Luigi, tout bouillant de colère. Il respire un grand coup et se redresse, fier de lui et de ses déclarations péremptoires. Puis, d'un pas décidé, il se dirige vers le port. Tout est calme. Au mois d'avril, les touristes sont encore rares. Sur le sable brillant, les barques sont alignées, serrées les unes contre les autres, à l'abri de la jetée grise. Carène rouge et bordage bleu, séparés par une bande blanche, pour la moitié d'entre elles. Parfois, un vert clair remplace le bleu ciel. La barque de Pino avait été ainsi, mais, à la mort de sa femme, il avait repeint le bordage en noir.

Accoudé au garde-corps blanc de la petite place qui domine le port, il regarde Antonio, son vieux copain Toto, qui, juste au pied de la vieille porte Pescaria, repeint du rouge brique traditionnel la coque de son bateau renversé. Devant lui, la baie s'arrondit et les rochers s'estompent dans la brume mauve. En voyant ce paysage familier, sa colère tombe d'un coup. Il sait bien, au fond de lui-même, qu'il n'est qu'un pauvre pêcheur qui ne peut rien contre la volonté aveugle de l'Administration et les intérêts particuliers.

Brusquement, il a peur que le destin ne le chasse de la ville et il n'imagine pas qu'il puisse vivre ailleurs. Il descend tristement sur la grève et va jusqu'à sa vieille barque. Il en caresse le bordage. Il soupire en regardant le filet rouge plié à l'arrière. Les mailles en sont bien usées. Comment fera-t-il quand il faudra le remplacer ? Aujourd'hui, un neuf coûte si cher. Don Salluste, bien sûr... et, comme d'habitude, un petit voyage de nuit, en priant pour que les douaniers ne soient pas trop curieux.

Il n'a plus l'âge de ces aventures, durant lesquelles l'angoisse vous serre les tripes. Il se sent vieux tout d'un coup. Découragé, il s'assied sur le bordage, le dos tourné à la ville. La voix aigüe de Salvatore le surprend. Elle le surprend toujours. Ce petit homme gras et chauve, à l'allure joviale, surgit toujours quand on ne l'attend pas. Son attitude cordiale n'est pas en accord avec ses yeux froids, trop clairs pour un vrai sicilien. Alors, personne n'ose l'appeler par son diminutif: Turiddu. Chacun lui donne du Monsieur Salvatore, comme s'il venait du continent.

On ne sait pas trop ce qu'il fait exactement. Ici, il connait tout le monde et, surtout, il rencontre souvent Don Salluste. Lorsqu'un pêcheur a besoin de demander quelque chose à ce dernier, c'est Turiddu qui s'en charge. Il est également efficace afin d'obtenir pour l'un de la marchandise à un prix intéressant et de trouver pour l'autre le client qui paye sans discuter. Chaque fois, il a le même geste de la main et la même grimace de sa bouche molle, laissant entendre qu'il s'agit d'une bagatelle. Mais il accepte toujours, avec simplicité, le cadeau que lui a mérité son obligeance. Tout le monde l'accueille avec le sourire, mais personne ne l'aime. Avoir tant d'amis dans tous les milieux, cela donne à penser. Chacun a son opinion. Cependant, il y a des mots que l'on ne prononce pas en Sicile.

Turiddu sait bien ce que les pêcheurs pensent de lui. Il s'en moque, pourvu qu'on le craigne un peu et que cela lui rapporte. Cefalû est une trop petite ville pour que certaines choses puissent se passer au grand jour. Il est bien arrivé que des bateaux ne soient jamais revenus, alors que la mer était calme. Mais jamais il n'y a eu de ces explications sanglantes, comme il s'en passe trop souvent à Palerme. Pourtant les gens de là-bas ont sûrement des amis ici. Alors chacun se tait et agit selon ses intérêts. Pino se dit tout cela en voyant Turiddu. Celui-ci se déclare enchanté de le voir et s'assied à côté de lui. Si le petit homme s'est dérangé, c'est qu'il a quelque chose d'important à lui dire. Alors Pino se tait et attend. Turiddu connaît les règles de la politesse. Il parle du temps, de la mer, de la pêche, enfin de la santé de son interlocuteur. Il insiste un peu lourdement sur ce dernier point. Pino est encore bien pour son âge. Qui pourrait croire qu'il est le camarade de communion d'Enzo, de ce pauvre Enzo qui se traîne avec deux cannes à cause de ses rhumatismes ? La santé est si capricieuse ! Celui qui paraît solide aujourd'hui tombera peut-être malade demain. Pino n'est pas à l'abri de ce genre d'accident et alors qui subviendra à ses besoins ? Il est seul, sans famille. Bien sûr, il y a l'hôpital... à Palerme.

Pino baisse la tête. Tout cela est vrai. Il y pense d'ailleurs quelquefois. En même temps, il sait aussi que si Turiddu lui parle de sa santé, ce n'est pas par amitié pure. Une angoisse l'envahit, d'autant plus que l'autre évoque sa dernière rencontre avec Don Salluste. Au cours de la conversation, ils ont pensé à l'avenir de Pino et, tous les deux, ils sont tombés d'accord sur le fait que Dieu ne saurait permettre qu'un bon chrétien comme lui ait une vieillesse malheureuse. Or, par une coïncidence favorable, des crédits viennent d'être débloqués par la municipalité et lui, Pino, pourrait en profiter. Le vieux pêcheur dresse l'oreille. Il s'étonne. Alors, Turiddu s'explique : Pino a certainement entendu parler du funiculaire. Bien sûr, tout le monde comprend et Don Salluste le premier, qu'il ne veuille pas abandonner sa maison.

Pourtant, qu'il réfléchisse. Cette histoire, c'est sa chance. D'abord sa vieille maison est vermoulue. Un jour, elle lui tombera sur la tête, d'autant plus qu'en Sicile, la terre bouge souvent. Il en aura une autre, plus solide. Justement, il y en a une de libre, derrière la cathédrale, rue des Grottes, près de son ami Ciccio. Qu'il dise oui ; c'est Don Salluste qui le lui conseille. Le tourisme, c'est l'avenir du pays et l'avenir du tourisme passe par la construction d'un funiculaire. Palerme a son Monte Pellegrino ; Cefalù a sa « Roche ». Elle est peut-être plus petite, mais combien plus belle !

Pino est effondré. Lui qui comptait sur Don Salluste pour l'aider et voilà que le bienfaiteur des pauvres est contre lui. Turiddu le regarde, attristé. Que la tête de cette vieille mule de Pino est donc dure ! Au contraire, Don Salluste ne pense qu'à son intérêt. Il parlera au maire. Il faut quelqu'un pour s'occuper du funiculaire, quelqu'un qui s'y connaisse en mécanique. Or, il se souvient que Pino a fait son service comme mécanicien, à bord de *La Ville de Trieste*. Le pêcheur soupire. C'est loin tout cela et puis il avoue qu'il a passé plus de temps dans les cafés du port de La Spezia que dans la salle des machines de son bateau. Turiddu sourit : Pino est trop modeste. Un homme comme lui n'oublie pas ce qu'il a appris. D'ailleurs, il donne toujours de bons conseils quand un moteur tombe en panne. De plus, il s'agit seulement de graisser de temps en temps les treuils ; pour le reste, le fabricant en fait son affaire.

Le vieux se débat. Il sera attaché au funiculaire comme le chien à sa niche. Il ne pourra même plus aller boire un café quand il en aura envie. Il n'a jamais été riche, mais il s'est toujours senti libre. Maintenant qu'il a pris de l'âge, il perdrait sa liberté pour devenir un domestique et, en plus, le domestique d'une machine ! Ce n'est pas possible ; tout le monde veut sa mort. Il n'a plus qu'à aller se noyer tout de suite ! Turiddu hausse les épaules. D'abord, Pino aurait un jeune pour l'aider. Ensuite, il pourra faire la sieste : le funiculaire ne fonctionnera pas au plus haut du soleil. C'est l'intérêt même du touriste qui risquerait de prendre une insolation sur la « Roche ». Enfin, il serait employé municipal avec tous les avantages que cela comporte.

Pino est ébranlé. Il hésite. D'une part, cette nouvelle situation lui apporterait bien du profit. D'autre part, Don Salluste tient à la réalisation du projet, il le sent bien. Alors, de toute façon, il doit céder. Mais, que vont penser ses amis, tous ceux à qui il vient d'affirmer qu'il se refusait à quitter sa maison, tous ceux qui l'approuvaient, il y a moins d'une heure chez Luigi ? Il réfléchit. Il faut qu'il obtienne quelque chose qui fasse taire tout le monde, quelque chose qui le place dans une position supérieure, quelque chose que les autres lui envieraient. Soudain son visage s'éclaire : il a trouvé.

Lui qui a toujours été un pauvre marin, perdu dans la masse, il lui faut un signe qui le distingue, un signe qui lui confère l'Autorité. Or, à Cefalû, cette autorité est représentée par les policiers et les douaniers. Ils portent tous l'uniforme et surtout, en toutes circonstances, ils restent coiffés d'une casquette rutilante qui est le symbole de leur pouvoir. Si Don Salluste lui obtient une casquette, Pino est d'accord ! Turiddu est trop fin pour montrer sa surprise, mais il est tout de même interloqué. Très vite, il se reprend et claque l'épaule du vieux en l'assurant qu'il l'aura sa *cuppulidda*. Mais l'autre, d'un air pincé, le reprend en précisant qu'il veut le même *beretto* que ceux de la *dogana*. Lorsque l'objet est pour soi, l'argot sicilien ne convient pas pour définir l'insigne de sa dignité. Turiddu, trop heureux d'avoir gagné si vite, rectifie et l'affaire est conclue.

Aujourd'hui, le funiculaire est construit. Pino trône à côté du caissier. Il a une belle casquette grise avec un galon doré. Au-dessus de la visière noire, brille le mot *Funiculari*. Cette mauvaise langue de Toto dit partout que Pino couche avec. Il est vrai qu'il ne la retire jamais, même au plus fort de l'été. La femme de Ciccio a obtenu l'autorisation de vendre ses broderies à l'ombre de la caisse. En échange, deux fois par semaine, elle va faire le ménage de Pino dans sa nouvelle maison, rue des Grottes. Le vieux pêcheur est heureux. Chez Luigi, c'est le roi. Il donne son avis sur tout et chacun le respecte.

L'autre jour, une cérémonie se déroulait au monument de Spinuzza. Toutes les autorités étaient là. Au premier rang, à côté des douaniers, la main à la visière pour le salut réglementaire, il y avait Pino. Pardon, je veux dire Monsieur Giuseppe, le responsable du funiculaire !

La gazelle blonde

Brahim est un vrai Fassi. Il n'a que six ans et demi et il est fier de ses origines. Il est né à côté de la Médersa El Attarine à Fez El Bali. Son père est parti travailler en France et il envoie un peu d'argent ; du moins Brahim le croit. Mais comment savoir ? Sa mère est morte il y a quelques mois ; alors, qui touche les mandats ? La vieille Aïcha qui leur louait une petite pièce l'a gardé dans sa maison : il faut être charitable ; seulement, maintenant, il loge dans une petite niche sous l'escalier. Peu lui importe ; toute la journée, il court dehors. Il rentre le soir pour dormir, après avoir mangé ce que la vieille lui a laissé dans la marmite de terre noire qui garde encore un peu de chaleur sur les braises mourantes.

Dès que le jour se lève, il repart dans la ville. Il connait chacune des ruelles blanches qui tournent sans cesse, passant de l'ombre au soleil, si étroites parfois que les petits ânes gris qui servent à tous les transports ont du mal à se croiser. Aujourd'hui, Brahim est dans le quartier des tisserands. Il se faufile entre les écheveaux de couleurs vives où dominent le rouge et le jaune que fait chanter un rayon de soleil passant à travers le lattis de joncs qui couvre la rue. Plus loin, des marchands proposent des burnous de laine écrue aux dessins géométriques ; d'autres offrent des robes légères dont les broderies d'or rutilent sur les tissus sombres. Demain, ce sera le quartier des dinandiers. La chaleur du cuivre rouge se mêle à l'éclat mat du fer battu et l'art des artisans compose des décors niellés à la fantaisie infinie. Tout cela au milieu du vacarme des chaudronniers, martelant les grands plateaux cuivrés.

Les orfèvres ne sont pas loin. Chez eux, c'est l'argent qui domine. Accroupis devant un vieux coffre de cèdre, ils sortent lentement les objets et déroulent le chiffon crasseux qui les enveloppe. Puis, ils baisent dévotement les vieux bijoux berbères avant de les présenter ; hommage à la beauté, à l'art de celui qui les a conçus ou, tout simplement, à la puissance que leur valeur représente ?

Ce sont des fibules plates à la découpe barbare, de lourds colliers formés de pièces d'argent parmi lesquelles coulent quelques perles d'ambre, couleur de miel, parures bruissantes qui prennent tout leur éclat sur une gorge brune, des pierres dures aux reflets sourds qui s'allument dans le mystère d'une arrière boutique, montées sur des bagues massives, bijoux d'homme aux formes brutales. Brahim aime bien suivre, assis sur les talons, la comédie du marchandage, jeu subtil dont chacun connait d'avance le résultat, que ce soit un objet précieux ou un article de bazar.

A côté, ce sont les boutiques claires des marchands de tapis où flotte une odeur bien particulière, mélange de laine et de poussière. Brahim connaît déjà la signification des dessins traditionnels qui en indique la provenance. Si les Européens préfèrent les camaïeux délicats, les Africains sont plus sensibles aux oppositions violentes : agressivité des rouges sang, sérénité des bleus profonds. Un peu plus loin, se trouvent les tanneries dont l'odeur infecte vous colle à la peau. Dans les cours, les cuves où marinent les peaux se pressent les unes contre les autres. Ici, rien ne semble avoir bougé depuis des siècles. Les ouvriers aux mains safranées s'agitent en silence, insensibles en apparence aux relents de pourriture qu'ils trainent avec eux.

Le père de Brahim travaillait là avant de partir sur un chantier en France. Brahim aussi, quand il aura huit ans, poncera les peaux sur la terrasse, accroupi sur les talons, tandis que les touristes défilent, un brin de menthe sous le nez. Qu'ils soient en peau de chèvre, de mouton ou de bœuf, tous les produits manufacturés gardent la même odeur musquée : babouches en cuir brut ou brodé, ceintures souples, sacs aux décors tressés de lanières colorées. Les potiers offrent un choix d'assiettes, de plats, de vases, de pots, de cendriers, de bouteilles, de pique-fleurs, de brûle-parfum, de petits animaux. La terre cuite, d'un rose pâle, est revêtue d'une engobe blanche, décorée de motifs aux teintes pastel. La fumée des fours à bois, rabattue par le vent, est moins acre que celle que répandent les éventaires des marchands qui, à chaque coin de rue, proposent les boulettes ou les merguez de bœuf dont l'arôme lourd lutte avec la senteur sucrée des pâtisseries, ruisselantes de beurre et de miel. Mais le paradis des odeurs, c'est le marché aux herbes. Les parfums s'y croisent sans se mélanger, subtils ou violents, acides ou sucrés. Opposition de la senteur fanée de l'herbe sèche qui prendra toute sa saveur en infusion, et de l'arôme tenace des grains de café, riches d'une promesse que le connaisseur choisit avec soin.

Vers deux heures, au moment de la sieste, Brahim va traîner du côté des restaurants où il y a toujours quelque chose à glaner. Les touristes laissent souvent des assiettes encore pleines et les cuisiniers font la charité à bon compte. Se régaler avec un reste de tajine est un plaisir rare : il y a tellement d'affamés dans la vieille ville. Après, pour digérer, il va à Bab Guissa, la porte de la ville qu'il préfère. Devant le vieux cimetière qui escalade la colline dominée par les tombes des sultans mérinides, il s'assied à l'ombre du rempart. Il ne se lasse pas de regarder les touristes qui s'agitent autour des cars. Ils sont vraiment drôles dans leurs vêtements bariolés. Rouges et suants, ils se déplacent toujours en troupeau comme les moutons, avides de tout voir. Avec leur appareil autour du cou, ils photographient tout ce qui leur paraît singulier. Ali, avec son vieux dromadaire et sa gandourah rapiécée, gagne bien sa vie à jouer le targui qu'il n'est pas ! De son côté, Brahim aime bien servir de modèle, d'autant plus qu'il y a toujours une petite pièce pour lui : il n'y a qu'à tendre la main.

Toutefois, il faut faire attention à ne pas être vu de Mahmoud et de sa bande. En voilà qui sont bien organisés. Dès qu'un car arrive, un petit groupe l'assiège. Les grands proposent leur pacotille : miroirs aux cadres découpés dans des boites de conserve, poignards de fer blanc, ceintures faites de cuir de rebut, pièces fausses montrées mystérieusement dans le creux de la main. Tous ces objets ne sont pas chers, mais ne valent guère plus. Inlassablement, ils les offrent aux touristes, tandis que les plus jeunes mendient d'un air lamentable, en tirant les voyageurs par la manche. C'est du travail bien fait. Ils tournent autour de leurs proies comme des mouches, se relaient, simulent une concurrence illusoire et, par leur bagout, étourdissent leur victime. Sollicitée de toutes parts, celle-ci s'affole, ne voit plus rien. Au milieu de tous ces gens qui la bousculent et l'assourdissent de discours qu'elle ne comprend pas, elle ne songe plus qu'à ne pas perdre le guide de vue. Alors, pour se libérer, le touriste achète une bricole, donne un bonbon. Mais l'effet est contraire : l'essaim bourdonne de plus en plus autour de lui, attendant le moment où il sera tout à fait perdu. Pendant ce temps, Mahmoud attend, un peu en retrait.

Il encaisse, au fur et à mesure, tout ce que gagnent ces affidés : dirhams gagnés ou mendiés par les grands, jusqu'aux bonbons que les petits lui apportent fidèlement. Enfin, un étranger a été séparé du troupeau. Il tourne en rond, cherchant désespérément son groupe disparu, et la foule de ses persécuteurs se fait plus insistante. C'est alors que Mahmoud intervient.

Il accourt au secours de l'homme assiégé. D'un geste autoritaire, il chasse la meute qui disparait dans la foule indifférente. Frappé par son assurance, la victime s'en remet à lui. Alors, il l'entraîne rapidement et, par des ruelles étroites, il la ramène dans le droit chemin, à côté des cars. Qui n'aurait pas un mouvement de reconnaissance envers cet aimable jeune homme ? Dix ou vingt dirhams viennent le récompenser, plus quelquefois. Parfois, il arrive aussi qu'un portefeuille s'égare ; mais alors, il faut faire attention car la justice royale n'est pas tendre avec les voleurs.

Brahim suit ce jeu cruel qui l'amuse. Quelle pitié peut-on avoir pour un infidèle stupide qui est venu à Fez pour dépenser son argent ? Alors, que ce soit un commerçant ou un voleur qui le lui prenne, quelle importance ? Toutefois, s'il lui arrive de suivre les manœuvres de la bande, il refuse d'y participer. Pourtant Mahmoud lui a offert plusieurs fois de *travailler* avec lui. Brahim ne sait pas pourquoi, mais il se méfie de ce petit chef.

D'abord, ce n'est pas un vrai fassi : son père était un nomade, venu de Figuig. Il passait même pour être Algérien et avait disparu, il y a plusieurs années, pour une histoire de vol de chevaux. Ensuite, le jeune caïd se moquait ouvertement des religieux et se flattait de ne pas faire la prière. Un impie est pire qu'un infidèle. Quel commerce peut-on avoir avec un mécréant, oublié de Dieu ?

Ce jour là, Brahim est heureux. Il s'est gavé de tajine au poulet et maintenant il digère, assis sur les talons sur un petit mur, près du palais Jamaï qui est aujourd'hui le plus bel hôtel de la ville. Il regarde un chat maigre qui guette quelque chose derrière un palmier.

Un car s'arrête devant l'hôtel et le chat disparait. Brahim se lève et, d'un pas traînant, il s'engage dans une ruelle qui conduit au fondouk El Yhoudi.

C'est alors qu'il la voit. Dieu qu'elle est belle avec ses courts cheveux blonds, ses yeux bleus, ses lèvres rouges, et elle a le rire léger de la femme heureuse. Il reste fasciné. Leurs regards se croisent et voilà qu'elle vient vers lui. « *Regarde comme il est mignon !* » Sa voix est chaude et tendre.

A ce moment seulement Brahim se rend compte qu'elle n'est pas seule. Un homme l'accompagne qui le regarde d'un œil morne et hausse les épaules. Immédiatement, le gamin le déteste. Il lui rappelle un libanais du Mellah dont on n'a jamais très bien su s'il était juif ou chrétien ; mais, à coup sûr, un roumi toujours prêt à avancer de l'argent et à ruiner les pauvres. Comme lui, il lui paraît gros et laid. Comment un tel homme peut-il plaire à une femme si merveilleuse et délicate ? Elle est aussi fine que la gazelle à laquelle chaque amoureux compare l'être aimé. C'est une gazelle blonde ! Elle s'approche et passe la main sur sa tête rasée. D'habitude, un vrai musulman ne saurait supporter ce geste. Mais, depuis la mort de sa mère, personne ne lui a montré la moindre tendresse. Alors, cette main légère sur son crâne lui met les larmes aux yeux.

Le guide agite un petit drapeau rose et le troupeau se rassemble autour de lui. Il donne quelques instructions pratiques et ajoute les recommandations d'usage : ne pas s'arrêter, ne rien donner... Enfin, tout le monde plonge dans la médina. Brahim, fasciné, les suit. Mais il n'est pas le seul à escorter le groupe. Mahmoud est là, lui aussi, et le manège habituel commence.

Cette fois, le gamin s'indigne. Il n'est pas possible de traiter ainsi une gazelle blonde, SA gazelle, comme une simple touriste. Le jeu cruel ne l'amuse plus. Cependant, que peut-il faire, lui si jeune, contre toute la bande ? Alors il les accompagne, triste et silencieux, sans quitter des yeux la femme aux cheveux d'or. Elle avance, émerveillée et heureuse, sans se rendre compte du ballet que les enfants dansent autour d'elle. Elle leur sourit, refuse avec gentillesse ce que leur insistance indiscrète lui propose et donne des bonbons aux plus petits.

Loin de les désarmer, sa candeur les attire davantage, comme si, eux aussi, étaient fascinés par cette blondeur étonnante si différente de leurs tignasses sombres et frisées. C'est elle maintenant qui devient le centre de leur piège tourbillonnant. Petit à petit, elle commence à s'inquiéter, cherche à se rapprocher des autres qui s'éloignent. Mais les gosses font écran. Elle n'ose pas les bousculer ; effarée, elle hésite une seconde et, brusquement, c'est la catastrophe. Le groupe vient d'entrer dans la medersa Bou Inania, la plus belle des écoles coraniques de Fez. La porte s'est refermée sur eux, sans qu'elle s'en rende compte, et, dans la rue grouillante, il n'y a plus que des gandourahs. Alors, elle s'affole, tourne sur elle-même et s'enfuit. Mais la rue qu'elle vient de prendre lui est étrangère ; elle se sent perdue. La peur lui noue la gorge et des larmes emplissent ses yeux, tandis que la bande sauvage rit et danse autour d'elle en la voyant à sa merci.

En voyant couler ses pleurs, Brahim n'y tient plus. Il se lance au milieu du groupe. Il prend avec autorité la main de la femme et l'entraîne. L'a-t-elle reconnu ? Peut-être. Elle est trop terrorisée pour réfléchir et elle suit ce petit homme décidé qui pense pour elle. Les autres sont surpris. Un flottement se produit. Brahim en profite. Il emmène sa protégée hors de la rue grouillante. Les voilà dans une ruelle vide où les tourmenteurs n'osent les suivre, d'autant plus qu'un policier qui passe à cet instant pourrait s'étonner de leur manœuvre. Alors, avec prudence, Mahmoud et sa bande se diluent dans la foule.

Brahim connait bien sa vieille ville. Il sait où retrouver le groupe perdu. Il serre la main de sa compagne et lui fait traverser des cours désertes, des venelles étroites que relient des couloirs obscurs. Elle suit en silence, sans réfléchir. En quelques minutes, les voici devant la porte de la medersa, juste au moment où le groupe en ressort. La femme pousse un cri et va se réfugier en pleurant dans les bras de son compagnon qui aussitôt se met à la quereller. Tous les touristes l'entourent et lui reprochent son imprudence, avec d'autant plus de virulence qu'il n'y a plus de danger.

Brahim est là, les bras ballants. Nul ne fait attention à lui. Il attend ; quoi au juste ? Elle va peut-être le regarder, lui sourire et, qui sait, lui caresser à nouveau la tête. Mais rien ne se passe.

Elle a eu trop peur. Elle se cramponne au bras de cet affreux type et ne songe qu'à retrouver la quiétude du car. Le groupe s'éloigne et, cette fois, l'enfant ne pense pas à le suivre. Il a le cœur gros, mais un homme ne pleure pas. Il fait demi-tour pour rentrer sous son escalier. C'est alors qu'il voit Mahmoud qui vient vers lui.

C'est lui maintenant qui a peur et qui s'enfuit. La poursuite s'engage parmi la foule indifférente. Il sait qu'il a eu tort de se mêler des affaires de la bande. Il leur a fait manquer un bon coup. Mais surtout il connaît suffisamment Mahmoud pour savoir que le voyou se considère comme offensé et que, vis-à-vis de ses hommes, il ne peut laisser passer cette atteinte à son autorité. Brahim ne sait où aller. Qui prendra sa défense ? Il songe alors à la tannerie où son père a travaillé. Il a des amis là-bas, à commencer par le gros Ali qui est un peu son cousin du côté de sa mère. Il repart avec plus de courage. Quand il arrive au bout de la rue, le muezzin lance l'appel à la prière du soir. Le gamin court avec de plus en plus de peine ; sa poitrine le brûle et Mahmoud est toujours là, sûr de lui. Enfin, il arrive. Il pousse la lourde porte de bois et se faufile dans la cour parmi les cuves nauséabondes dans lesquelles marinent les peaux.

Il n'y a déjà plus personne; tout le monde doit être à la mosquée. Affolé, l'enfant grimpe l'escalier de terre battue qui mène sur la terrasse. De là, il devrait pouvoir s'échapper par les toits, dans ce quartier que son poursuivant connait moins bien que lui. Le voici en haut. Devant lui, la ville s'étage vers l'oued. Mille petites fumées montent des toits et le soleil couchant leur donne des reflets de cuivre.

Il reprend haleine avant de se glisser le long des murets d'argile, blanchis à la chaux. Mahmoud, en bas, sent que sa proie lui échappe. Il ramasse un morceau de brique. Pourquoi a-t-il fallu qu'il soit si habile ? Au moment où le gamin va disparaitre, la brique l'atteint à la tempe. Tout s'efface et le petit corps tombe dans la cour.

Le lendemain, au petit jour, tandis que de petits nuages roses achèvent de se dissoudre dans le ciel bleu, les ouvriers arrivent dans la tannerie. Ils trouvent Brahim flottant dans une cuve de teinture rouge. Sa peau a pris une couleur amarante et l'on ne distingue plus la petite blessure de sa tête. Ses yeux ouverts paraissent plus blancs dans son visage rouge dans lequel s'esquisse un sourire étonné. On en parla un peu, ce jour-là, sur les terrasses et dans les cafés. Mais la vie continue et la mort d'un petit orphelin ne compte guère. Brahim est vite oublié. Il est maintenant au paradis d'Allah, un paradis peuplé de gazelles blondes qui passent leur main légère sur sa tête rasée.

La confession

Si j'ai perdu la foi, c'est à cause d'un chat. En fait, cette petite bête était tout innocence. Il serait plus juste de dire qu'un chat a été à l'origine du doute qui, un jour, m'a saisi dans un confessionnal. Toutefois, chacun sait que le chat est un animal qui a d'étroites relations avec le Diable. Si le poil noir évoque la nuit, propice à tous les maléfices, le roux, quant à lui, symbolise les flammes de l'enfer. Or ce chat était roux, tempéré de blanc, il est vrai. C'était d'ailleurs une chatte ; mais, vu son jeune âge, son sexe avait peu d'importance !

J'avais huit ans ; je désirais un chat et ma mère n'en voulait pas. Voilà en deux mots l'origine d'un conflit auquel le démon allait ajouter le poison de la tentation. Ce jour-là, une fois de plus, mes excellents arguments se sont brisés contre le mur de la volonté maternelle. Tristement, je promène mon humeur boudeuse lorsqu'à quelques pas de la maison, j'entends un miaulement lamentable. Une petite boule de poils roux trébuche au milieu du chemin de terre. Un petit chat aventureux a quitté la nichée et, maintenant irrémédiablement perdu, appelle désespérément une mère oublieuse. Un regard circulaire m'assure que nous sommes seuls tous les deux. En un instant, mon parti est pris. Je m'empare du chaton et le cache dans ma chemise. Près de la porte d'entrée de notre jardin, il y avait un acacia dont le tronc était fortement incliné. J'y place l'animal et, le poussant, je l'aide à grimper jusqu'à la première fourche où il se cramponne en miaulant de plus belle. Mon coup fait, je m'éclipse discrètement.

Deux heures plus tard, c'est un enfant candide qui rentre chez lui. Il est très étonné d'apprendre que sa mère a trouvé un chaton perdu dans un arbre du jardin. Comment cette pauvre petite bête a-t-elle abouti là ? C'est un véritable mystère. Il est vrai qu'un animal, sous l'emprise de la peur, peut avoir de curieuses réactions. Quoi qu'il en soit, ma mère a dû prendre une échelle pour l'attraper. Une rapide enquête auprès des voisins n'a pas pu établir d'où il vient. Puisque le hasard l'a conduit à la maison, nous allons le garder en attendant de retrouver ses maîtres.

Grâce à ma petite ruse, j'ai enfin un chat bien à moi. Mais curieusement, je n'en éprouve pas le plaisir escompté. Un remord secret me tenaille. Je suis persuadé que j'ai commis un véritable vol à l'encontre du propriétaire de ce malheureux animal. En fait, à la campagne, les chattes ont l'habitude de cacher leurs portées afin de les protéger de la noyade. Il est vraisemblable que j'ai sauvé ce chaton d'une mort affreuse et débarrassé un voisin. Celui-ci m'en aurait certainement fait cadeau, encore aurait-il fallu qu'il connaisse son existence ! Mais je suis trop jeune pour réfléchir à tout cela. Je ne vois qu'une évidence : je me suis emparé de quelque chose qui ne m'appartient pas. Je suis donc en état de péché mortel. Une angoisse terrible me prend à tout moment ; le jour, je n'ose même pas caresser l'objet de mon crime et, la nuit, je fais d'horribles cauchemars. J'ai commis un véritable forfait, sans commune mesure avec mes petits méfaits de gosse.

Pendant plusieurs jours, je vis ainsi dans d'épouvantables souffrances morales. Une solution s'impose : me confesser. L'excellent prêtre qui fait le catéchisme aux enfants du village est un homme tout d'une pièce dont la foi sincère ne laisse aucune place à la compromission. Pour lui, on ne triche pas avec Dieu et, à la fin de sa vie, si ses mauvaises actions l'emportent, le pécheur se retrouve en enfer, sans discussion possible. Dans ma petite balance personnelle, ce petit chat pèse lourd. J'imagine déjà le Diable se frottant les mains en ricanant. Cette vision m'épouvante et j'en perds l'appétit. Je n'ai aucun moyen de réparer ma faute. En effet, même si je le souhaite, à qui rapporter ce chat ?

Je repense aujourd'hui au courage qu'il m'a fallu pour me décider à avouer ma faute. J'aurais pu faire une confession ordinaire, sans rien dire du chat. Mais j'aurais ajouté un second péché au premier. Dès lors, j'aurais été voué définitivement aux flammes éternelles. Je m'installe en tremblant dans le confessionnal. A genoux devant la claire-voie, je cherche désespérément une excuse pour minimiser mon crime. Mais je ne trouve rien. Les faits sont là, terribles dans leur simplicité : je suis un voleur !

Seul dans le noir, je sens le regard de Dieu sur moi. Prier ? Quel saint accepterait d'intervenir en ma faveur ? Même la Sainte Vierge, pourtant si compatissante, ne peut rien devant un tel acte criminel. Je tremble. Je suis en sueur. Je m'apprête à m'enfuir ; c'est alors que le volet coulisse. Je suis pris. Je devine dans la pénombre le profil de mon confesseur et sa voix me semble plus sévère que d'habitude. Je récite les formules rituelles, puis j'égrène mes petits péchés ordinaires, bien véniels : colère et gourmandise. J'ai beau faire traîner les choses, le moment fatidique arrive. Il me faut sauter le pas. Je prends ma respiration et, très vite, je dis : *« Je m'accuse d'avoir volé un chat ! »*

Je ferme les yeux. Je m'attends à la chute de la foudre. J'imagine que le prêtre, bouleversé par l'horreur de ma révélation, va sortir du confessionnal, me prendre par l'oreille, suivant sa douloureuse habitude, et, qui sait, me chasser de l'église. Plus grave encore, il va tout raconter à ma mère ! Je me vois déjà retranché de la communion des fidèles, comme ce vieux marin anarchiste qui, lorsqu'il passe devant l'église, crache toujours sur le seuil. En même temps, je suis enfin soulagé.

J'attends ma condamnation avec sérénité, avec un peu d'angoisse aussi ; car je ne puis imaginer une peine qui soit à la mesure de cette faute inouïe. Le temps passe; une minute peut-être, un siècle ! Enfin, j'entends ces mots que le prêtre prononce d'une voix monocorde : *« Combien de fois, mon fils ? »*

Rencontre improbable

J'ai toujours aimé les objets anciens. Il me semble que tous ceux qui les ont possédés leur ont laissé une part d'eux-mêmes. Qu'elle soit utile ou simplement décorative, toute chose nous paraît souvent avoir gardé un peu de l'esprit de son ancien possesseur et on lui prête inconsciemment un pouvoir que la matière est bien loin de posséder. Je me rappelle l'histoire de ce sabotier qui avait passé l'alliance de sa femme défunte au manche de la gouge dont il se servait le plus ; c'était, pour lui, une manière de sentir sa présence à son côté.

Lorsque l'on fouille dans les arrière-boutiques des brocanteurs, il est des objets qui vous interpellent, comme ces animaux abandonnés dont le regard muet vous émeut. Alors, durant mes voyages, professionnels ou non, si j'aperçois une enseigne au bord de la route, il faut que je sois bien pressé pour ne pas m'arrêter. J'imagine toujours que je vais trouver un trésor et, quelquefois, c'est le cas. Mais, il m'arrive aussi de rencontrer des personnages pittoresques, voire étranges, que l'on dirait sortis d'un roman de Balzac.

Ce jour-là, j'étais dans l'Yonne. L'expertise, but de ma course, avait été rondement menée et je flânais dans le beau paysage qui se déroule le long du Serein. Brusquement, à l'écart d'un village, j'aperçois un écriteau plein de promesse, accroché à la grille d'une villa très banale. Sur un carton qui avait été blanc, on lisait le mot *Antiquités*, mot auquel il m'était impossible de résister. L'écriture malhabile était tracée au feutre et cette petite pancarte, à la fois discrète et maladroite, était particulièrement alléchante. Je subodorais l'amateur marchand qui possédait, sans le savoir, la pièce unique, cachée au milieu des "drouilles".

Ayant garé ma voiture, je pousse la grille. La façade est fermée et les volets clos. Je suis alors une petite allée sur le côté et me trouve à l'arrière du bâtiment dans une sorte de jardin abandonné. La porte ouverte d'une véranda me pousse à entrer. Je pénètre ensuite dans une cuisine silencieuse et vide. *« Y a-t-il quelqu'un ? »* Une sorte de grognement répond à mon appel et m'incite à aller plus avant. Une succession de portes ouvertes jalonne mon chemin. Je me retrouve enfin dans une vaste pièce dont les fenêtres aux volets fermés laissent filtrer une lumière diffuse, mais suffisante, pour découvrir finalement un curieux spectacle.

En entrant, je crois d'abord que la pièce est vide. Ensuite, lorsque je suis habitué à la pénombre, la salle m'apparaît dans son ensemble. Les murs n'ont aucune décoration. Peints d'un blanc jaunâtre, ils comportent, en partie basse, une large bande d'un vert cru. Sur des planches posées sur des tréteaux, se trouve un assemblage d'objets hétéroclites. Au centre, sur une vaste table recouverte d'une nappe blanche, il y a une profusion d'assiettes pleines de gâteaux. Des éclairs voisinent avec des babas ; des piles de choux s'élèvent près de coupes remplies de dragées ; des bouteilles de champagne sont alignées devant des soucoupes de fruits secs. Enfin, deux théières, l'une rose, l'autre bleue, occupent les extrémités de cette table, amplement pourvue d'assiettes à dessert, de fourchettes à gâteaux et de petites cuillères. Il y a de quoi régaler au moins trente personnes.

Toutefois, le plus étrange, c'est le personnage qui trône devant toutes ces pâtisseries. Imaginez un monstrueux poussah dans un vaste fauteuil ; on dirait une poire dans un compotier... ou plutôt ce double chou, appelé religieuse, qui serait avachi dans une soucoupe. En partie haute, on découvre, au-dessus d'un triple menton, une petite face ronde encadrée de deux énormes joues roses. Ses yeux ne sont que deux petites fentes. Ils surmontent un nez minuscule et une large bouche aux lèvres rouges et humides. L'ensemble est dominé par un toupet d'un blond jaunâtre qui est peut-être une perruque. Le corps lui-même n'a plus de forme. On dirait un sac de son, maintenu à grand peine dans un costume à grands carreaux verts dont le col disparait sous le menton. Les bras courts sont terminés par des mains aux doigts boudinés et les jambes reposent sur des pieds nus et gonflés dans des charentaises aux coutures éclatées. Cet être difforme a dû avoir une grande taille. Aujourd'hui, il paraît ne pas pouvoir se déplacer sans aide, car son poids doit avoisiner les quatre cents livres. Pour l'instant, il est assis dans un fauteuil qu'il recouvre entièrement de sa masse.

Je l'aperçois, aussi immobile qu'une statue. Seul, son regard paraît vivre dans cette masse pour laquelle le moindre geste semble demander un effort. Je le salue poliment. Il me répond, d'une voix curieusement fluette. Je lui demande la permission de regarder les objets présentés. *« Faites »*, me dit-il.

Je fais le tour de la pièce. Il y a là un bric-à-brac invraisemblable : beaucoup d'ustensiles de cuisine, complètement désuets, en émail ou en fer blanc, des assiettes, des bols, une cafetière ; mais tout ce qui aurait pu avoir une valeur quelconque est fêlé ou même cassé. Je me souviens d'avoir vu des boutons dans une tasse à thé, ornée d'un dessin chinois représentant une grue. L'inventaire est rapidement fait.

— Rien de bien intéressant, n'est-ce pas ? fait-il d'un ton moqueur.

— En effet, et j'ajoute : mais je vois que vous attendez des invités.

— Pas du tout.

— Mais cette table... semble préparée pour une réception.

— Je conçois que cela vous surprenne, pourtant, je n'ai invité personne. Cependant, j'attends une femme. Ce goûter est pour elle.
— Tout cela pour une personne !
— Elles seront peut-être plusieurs ; il faut tout prévoir !
— Comment pouvez-vous être sûr qu'elle ou elles viendront, si vous ne les avez pas invitées ?
— Monsieur, lorsqu'une table est préparée pour la recevoir, une femme vient toujours. C'est son sixième sens, sans doute. Je ne sais pas qui elle est, si elle sera blonde ou brune, jeune ou moins jeune, mais je sais qu'elle viendra ; alors j'attends ! Vous-même, aimez-vous les femmes ?
— Bien sûr, comme tout le monde.
— Je ne sais pas si vous pouvez me comprendre ; mais qu'est-ce qu'une vie sans femmes ? Je ne peux plus me déplacer ; alors, elles viennent à moi. Elles sont toujours gourmandes et mon plaisir est de les voir manger toutes ces choses qui me sont interdites. En même temps, elles parlent. Ce qu'elles disent ne m'intéresse pas ; c'est le son de leur voix qui m'enchante ; c'est la musique qui a bercé ma jeunesse. Et, quand l'une d'entre elles se met à rire, je suis heureux. Je n'en demande pas plus.
— Vous êtes certain que vous allez avoir une visite?
— Absolument ! Chaque jour, la table est mise et,

chaque jour, il en vient au moins une pour y faire honneur. Quel plaisir de voir une femme manger un gâteau ! On dirait un chat qui prend soin de ne pas salir sa moustache, lorsqu'elle déguste en écartant bien les lèvres pour ne pas déranger son rouge. Puis, de la pointe de sa langue rose, elle reprend la miette qui est collée à l'angle de sa bouche. Et sa main, monsieur ! Elle hésite, le petit doigt en l'air, avant de s'emparer d'un éclair, entre le pouce en l'index, avec une indifférence affectée que dément son regard brillant de gourmandise. Elle soupire d'aise, évoque d'illusoires problèmes de poids, vous reproche de la tenter ; enfin, avec un air de martyre, elle en prend un second. Ah, cette innocence hypocrite que Fragonard a su bien rendre. Fallait-il qu'il les ait aimées, ces jeunes filles en fleur ! Quand on découvre leur fausse naïveté, leur fragilité trompeuse, chacun d'entre nous pense, comme ces vieillards ascétiques qui ont construit l'Église primitive, que la femme a été créée par le Malin... pour notre plus grand plaisir ! Mais, le temps passe et Elle ne saurait tarder.

— Vous avez raison. Je ne veux pas vous importuner davantage. D'ailleurs, moi-même, je dois songer au retour. Adieu, monsieur.

Il ne répond pas. Je me dirige vers la porte et me retourne une dernière fois. Il a repris son immobilité. Il me fait d'abord penser à un gros Raminagrobis, les yeux mi-clos, guettant une souris.

Mais, en y réfléchissant, je vois plutôt une grasse épeire de nos jardins, au milieu de sa toile, attendant la venue d'un moucheron imprudent.

Je refais le chemin en sens inverse, sans rencontrer âme qui vive. La maison silencieuse semble toujours déserte. Je remonte en voiture et, en partant, je jette un ultime regard. Le pavillon fermé a le même aspect terne et banal. Mais la pancarte *Antiquités* n'est plus là.

Secret d'État

Mon député est un homme heureux. Une particule discrète l'a placé parmi l'aristocratie de notre province. Une grande école a cautionné son intelligence. Son action courageuse, pendant la guerre, lui a valu une Légion d'honneur méritée. A la mort de son père, il a abandonné l'industrie qui utilisait ses diplômes et une carrière qui promettait d'être brillante, pour mettre ses terres patrimoniales en valeur. Un mariage raisonnable et pourtant sentimentalement réussi, avec une cousine fortunée qu'il connaissait depuis l'enfance, lui a fait recouvrer une respectabilité que de menues frasques de jeunesse avaient entamée, au dire de certains puritains. Depuis, trois enfants assurent l'avenir de la famille.

Il a retrouvé avec plaisir le château où il était né. Brûlé durant la Révolution, c'est aujourd'hui une grande bâtisse sans style qui a été reconstruite par son grand-père, sous le Second empire. Toutefois, un beau mobilier d'époque et une galerie de portraits lui apportent le cachet d'ancienneté que l'architecture n'a pu lui donner. Sans avoir la rusticité du hobereau, il a le contact facile avec les paysans qui le connaissent depuis l'école communale. Tout naturellement, il a repris le fauteuil de son père à la mairie, après quelques années d'intérim, assurées par un de ses métayers. Enfin, la mort d'un marquis voisin lui a ouvert le conseil général.

Ses idées politiques sont très nuancées. Cela lui permet, sans effort, de s'adapter à toutes les situations, tout en restant ferme sur l'essentiel. Il se dit nostalgique d'une royauté qu'il n'a pas connue. Mais, il ne fait cette confidence qu'en très petit comité et il évite soigneusement tout contact avec des monarchistes trop voyants.

Officiellement, il défend cette république bourgeoise qu'il a servie comme officier de réserve. Il se dit même sensible aux problèmes sociaux, sans être socialiste bien entendu. Il reconnait qu'il y a sûrement des réformes à faire ; toutefois, il attend que d'autres prennent l'initiative de les proposer. De toute évidence, c'est un conservateur ; cependant, cela ne l'empêche pas d'être toujours ouvert à la discussion.

Ses prises de position, souples et de bon aloi, avaient séduit aussi bien ses pairs que ses administrés. Aussi, personne ne s'est étonné lorsqu'il est devenu député avec une majorité honnête sans être excessive. Cette nouvelle situation lui apporte un confort que ses revenus terriens ne pouvaient lui fournir. Désormais, il partage son temps entre son château vendéen et un confortable pied-à-terre parisien, dans le seizième arrondissement.

A l'Assemblée, il s'était fait tout de suite une place très honorable. Tout en appartenant à un groupe charnière, il ne manquait jamais de montrer son indépendance en prenant une attitude très personnelle, en particulier, dans le domaine de l'agriculture. Il a même été ministre durant quatre mois. On parla alors de lui pour un poste de premier plan. Mais, avec sagesse, il prit le parti de s'effacer devant un leader au destin national qui lui en sut gré par la suite. Il borna son ambition à quelques présidences bien choisies que le monde politique accorda à sa courtoisie et à son savoir-faire. Ainsi, les années s'écoulaient sans qu'elles aient paru avoir de prise sur cet homme affable qui était discrètement présent sous tous les gouvernements et dont le nom n'était pas connu du grand public.

De mon côté, travaillant au ministère de la Culture, à Paris, mes rapports avec mon député sont, de ce fait, très épisodiques. Cependant, une ou deux fois par an, des promenades culturelles regroupent l'élite intellectuelle de notre département. Ces réunions sont très bien fréquentées, aussi, mon député se fait un devoir d'y assister. Compte tenu de mes activités professionnelles, je suis souvent sollicité pour les animer. Or, une année, mon député recevait le groupe chez lui et j'ai eu la tâche difficile de présenter son château. Lorsque le manque d'intérêt d'une construction est par trop évident, l'objectivité rend délicat l'emploi des substantifs techniques qui servent à décrire les chefs d'œuvre de l'Art. Toutefois, en ces circonstances, l'orateur a toujours la possibilité d'utiliser ces adjectifs passe-partout qui décorent les mots qu'ils accompagnent et qui, le cas échéant, dissimulent l'insignifiance de leur sens. Trop cultivé pour tirer vanité de ses clochetons "troubadour", mon député m'a su gré de ma description conventionnelle. Depuis ce jour, il ne manque jamais de me saluer avec cette légère condescendance que donne le privilège de la naissance. Nos rapports auraient dû se maintenir dans ces limites courtoises, si le hasard ne s'en était mêlé.

Quand votre fonction vous amène à signer des permis de construire, il arrive souvent que vous soyez convié à l'inauguration d'un bâtiment dont vous avez autorisé l'édification. Je ne suis pas fanatique de ces sortes d'agapes. Pourtant, ce jour-là, sur les Champs-Élysées, alors que je passe devant un siège bancaire, je me souviens que je suis invité à la réception qui marque la fin de sa rénovation. Aucune obligation ne me presse par ailleurs ; il fait chaud ; j'ai soif ; mais je crois que c'est surtout la curiosité qui me pousse à entrer. En effet, jusqu'alors, je n'ai rencontré que des fondés de pouvoir et, aujourd'hui, j'espère enfin découvrir le grand patron dont le nom, seul, leur inspire tant de respect. Bref, je montre patte blanche et les portes de ce grand coffre-fort de marbre gris s'ouvrent devant ma modeste personne. Le monde de l'argent fascine ceux qui n'en ont pas à suffisance et son mystère est à l'origine de bien des mythes. Ainsi, pour les uns ou les autres, suivant leurs convictions, la fortune française est aux mains des deux cents familles, de la H.S.P., de l'Église, d'une internationale secrète ou des quatre à la fois. Cette certitude fournit une excellente raison au Français moyen pour se résigner à ne jamais devenir milliardaire. Pour ma part, je pense que la vérité est certainement plus subtile ; de toute façon, je n'envie pas les soucis d'un banquier.

Je suis donc entré et j'ai suivi un huissier jusqu'au bureau du directeur de la succursale. Ensuite, ce dernier me guide lui-même vers la salle de réception, située au niveau supérieur, comme il se doit. Je suis surpris par le fait d'être seul à m'être présenté. L'explication m'en sera donnée lorsqu'après avoir ouvert l'ultime porte, le directeur s'efface pour me laisser entrer. Je me trouve dans une vaste pièce d'environ vingt mètres de long dans laquelle on pénètre par le milieu. Deux buffets identiques sont dressés aux extrémités opposées. Ils sont abondamment garnis, pourtant, il y a, tout au plus, une vingtaine de personnes de chaque côté. En y regardant de plus près, la différence entre les deux groupes apparait clairement : à droite, les patrons, à gauche, les gardes du corps. Ces derniers, musclés, le holster à peine dissimulé, boivent en silence. Ils tournent le dos à la table du buffet, pour ne pas perdre de vue leur PDG personnel. En y réfléchissant, cela est normal, mais, sur le coup, cette attitude me paraît insolite. Je me crois, un instant, sur le tournage d'un film de série B.

A l'autre table, le whisky est de rigueur ; toutefois, l'eau minérale a une place privilégiée. Les invités, réunis en petits groupes, conversent à voix basse. Rien de commun avec le brouhaha habituel des buffets. Le ton est à la confidence et aux termes voilés : ces messieurs parlent affaires. Je réalise alors que j'ai devant moi des hommes qui "pèsent lourd".

Mais, il y a dans cette réunion quelque chose de bizarre. Je mets un moment à découvrir ce qui me déconcerte ; brusquement, je prends conscience de ce que l'aspect de ces hommes a d'étrange. Je réalise que je suis en présence de la matérialisation d'un dessin de Grandville dont les caricatures féroces ont, au XIXe siècle, épinglé la société de son temps. On y voit, autour d'un buffet bien garni, un groupe de dandys qui se gobergent. Chacun d'eux a une tête d'animal, fauve, loup, aigle ou requin. J'ai, autour de moi, de véritables gravures de mode, surmontées de têtes ridées et souvent déplumées. L'opposition entre la qualité des costumes sur mesure et la décrépitude physique de ceux qui les portent est proprement fascinante. La vérité m'oblige à reconnaitre qu'ils ne sont pas tous ainsi. Il y a également quelques loups, moins âgés, qui entourent et apportent la réplique aux vieux lions, tandis que des chacals, plus jeunes, oublient de boire pour mieux approuver. La scène est tout à fait surréaliste!

Mon guide me présente à celui qui préside en ces lieux. Avec sa figure ronde, son petit nez et ses sourcils fournis, il évoque un grand duc. Il me serre la main en disant un mot aimable et m'invite à me servir, puis se détourne afin de poursuivre sa conversation. Je mesure alors toute l'incongruité de ma présence. La politesse veut que je sois invité et la bienséance aurait voulu que je m'abstienne. Toutefois, je ne regrette rien : le spectacle en vaut la peine. J'ai devant moi l'incarnation de ce qui mène notre monde : l'Argent. En même temps, je pense à tous ceux qui attendent, chaque mois, le bon vouloir d'un caissier.

Mon verre terminé, je m'apprête à partir lorsque je vois la porte s'ouvrir. Le nouveau venu est plié en deux et il avance lentement dans cette position.

J'imagine la cour de Versailles et Louis XIV recevant un solliciteur. L'étiquette veut, qu'après avoir traversé la salle, la tête inclinée, le sujet qui a l'insigne honneur d'être reçu par le souverain ne relève les yeux qu'à trois pas du trône. Il est vraiment étonnant de voir cet homme traverser l'espace vide avec humilité, dans une indifférence générale. Je suis le seul à le regarder s'avancer. Je pense qu'il s'agit d'un secrétaire quelconque, un peu trop courtisan. Le hasard veut qu'il s'arrête devant mes chaussures. Il relève la tête. C'est alors seulement que je reconnais mon député. Nos regards se croisent et l'ahurissement est réciproque. Aucun d'entre nous ne s'est attendu à rencontrer l'autre à cet endroit. Quelques longues secondes passent, puis il grimace un sourire et murmure une vague salutation. Je réponds sur le même ton et prends congé discrètement.

Je ne saurai jamais quel est celui qu'il est venu voir ni pour quelle raison. Il est des curiosités pour le moins inutiles. Les rapports entre le monde de l'argent et celui de la politique ne sont pas toujours innocents. Toutefois, dans ce domaine, si l'on veut faire preuve d'imagination, on reste souvent en dessous de la vérité. Je suis cependant très étonné qu'un homme de sa qualité, dont la vie paraissait si limpide, ait pu se trouver là. Il est vrai qu'il a dû se poser la même question à mon sujet. S'il avait un secret, cela ne me concernait pas ; d'ailleurs, cela m'était parfaitement égal. A partir de ce jour, nos rapports ont changé. Lors des diverses réunions où nous sommes conviés, mon député me salue désormais en premier et me montre une estime marquée qui est interprétée comme une reconnaissance de mes mérites. Sans que nous n'en ayons jamais parlé, cette rencontre fortuite est devenue un secret entre nous. Les mois passent et il apprécie ma discrétion. Il m'en remercie en étant plus chaleureux à chacune de nos rencontres.

Cela dure trois ans ; trois ans de réunions publiques, de conversations de circonstance, de banalités, de politesses. Enfin, un jour, le hasard se manifeste à nouveau. C'est à l'occasion d'un dîner officiel. Entre le bar où nous avons pris l'apéritif et la salle où doit se dérouler le repas, se trouve un couloir relativement obscur. Nous nous croisons, sans l'avoir voulu. Mon député a un geste de surprise. Il a un regard circulaire pour vérifier que nous sommes seuls. Rassuré, il me prend le bras, se penche vers moi et me demande, sur le ton de la confidence : *« Si je peux faire quelque chose pour vous, n'hésitez pas ! »*

Le cerisier

Le père Élie avait du caractère ; cela veut dire, chez nous en Vendée, qu'il l'avait plutôt mauvais. Il faut reconnaitre qu'il avait quelques excuses. Il avait ramené de la boue des tranchées, plus précisément de celles du chemin des Dames, une saloperie de virus qui lui avait noué les genoux. Pour le coq du village qu'il était avant 14, devenir infirme était une déchéance ressentie cruellement. Il s'était replié sur lui-même dans sa petite chaumière sur la butte, derrière l'église. C'était une des rares maisons du village du Chiquet d'où l'on pouvait voir la mer. Il y vivait seul, refusant même ces petits services que l'on se rend entre voisins. Il s'était fabriqué des outils adaptés à son handicap, outils avec lesquels il cultivait lui-même ses jardins. Le sol sableux est très meuble ; malgré tout, il était impressionnant de voir ce géant labourer à genoux. Par ailleurs, en vrai paysan de la mer, il ne manquait pas une marée. De l'eau jusqu'à la poitrine, accroché d'une main à sa charrette, sa fourche tenue de l'autre, il fouillait le sable du platin et piquait les soles avec une adresse que beaucoup lui enviaient. Pour se défendre d'une charité quelconque à son égard, il avait cherché à se rendre odieux et il y avait parfaitement réussi. Cette attitude hostile lui était restée après que sa hargne se soit apaisée, en voyant les années courber ses contemporains à son image. Le temps engendre l'habitude et, depuis longtemps, personne ne faisait plus attention à sa silhouette épaisse, à son air farouche sous sa crinière devenue blanche très tôt, à ses poings énormes crispés sur ses cannes, deux branches noueuses, aussi tordues que ses jambes. Même les enfants n'avaient plus peur de lui. Pourtant, chaque année, à la saisons des guignes, pendant quelques jours, il redevenait le centre des conversations du village.

C'était une histoire bien banale. Au fond du jardin du père Élie, au milieu de la haie qui le séparait de celui de sa voisine, un cerisier magnifique étendait ses branches également de part et d'autre. On peut imaginer la nature du litige qui s'élevait, chaque printemps. Cela se traduisait par un duel oratoire auquel la personnalité des antagonistes donnait des dimensions épiques. Il en résultait, chaque fois, des trouvailles de langage qui enchantaient la population, pourtant peu avare d'épithètes choisies.

Il faut dire que la voisine du père Élie avait du ressort et la langue bien pendue. Elle vivait en recluse dans une vieille cabane ; de quoi au juste ? On n'en savait trop rien. Le mystère excite l'imagination et, sans vouloir l'avouer, tout le monde en avait un peu peur. Il ne faisait aucun doute qu'elle avait commerce avec le diable. La

Blanche — jamais nom n'avait été plus mal porté — était petite, noiraude, bossue disait-on, mais va-y voir avec les châles sombres dont elle était attifée. On disait même qu'avant la guerre, avec Élie... Il est vrai que c'était un fameux gars ; alors pourquoi elle moins que les autres ? Elle avait été mariée avec un de la ville qui travaillait aux Chemins de fer. Mais son mari avait été écrasé par une machine de manœuvre et elle était alors revenue au pays. Tout cela était lointain et puis on dit tant de choses... Depuis des années, elle vivait sans bruit dans une petite cabane, seul bien qui lui restait de ses parents. Elle sortait quelquefois le soir pour aller voir la mer afin de connaître le temps qu'il ferait le lendemain, suivant l'habitude des gens du village. Elle ne parlait quasiment à personne. Chacun évitait son regard vif et perçant, car il était évident qu'elle avait le mauvais œil. Alors, sans que l'on sût pourquoi, tout le monde se trouvait persuadé qu'elle était capable de jeter des sorts.

Lorsqu'on la croisait par hasard, on la saluait avec une politesse excessive, sans s'arrêter. Ainsi, elle était rejetée par la petite communauté du village, mais ne paraissait pas en souffrir. On aurait même dit que cela l'amusait. Quand un voisin passait rapidement non loin d'elle, l'échine courbée et le regard en coin, son œil pétillait de malice tandis qu'elle esquissait un geste équivoque qui le terrorisait davantage. Seul, le père Élie affirmait qu'il ne craignait pas d'être "enjominé" et la traitait impunément de sorcière et de vieille carne, en jurant que sa bonne canne valait mieux que tous les sorts qu'elle pourrait lui jeter. Bien que ces injures soient devenues un peu traditionnelles, chaque fois, sans rien répondre, elle baissait la tête et rentrait chez elle. Une haine tenace semblait les unir ; une haine dont les racines remontaient à une époque lointaine à laquelle pourtant, par une sorte d'accord tacite, ni l'un ni l'autre ne faisait jamais allusion.

Cette année-là, jamais le cerisier n'avait été plus beau. Point trop de pluie et juste assez de soleil, le bouquet de fleurs blanches du printemps était devenu, au mois de juin, une boule verte et rouge, toute frémissante d'oiseaux. D'un coup de fusil en l'air, le père Élie avait ouvert les hostilités, jurant qu'il allait plomber tous ces merles qui lui volaient ses guignes, y compris la vieille merlette déplumée du jardin d'à côté. La Blanche sifflait de colère et prenait le ciel à témoin qu'il avait voulu la tuer. Tous les polissons du village étaient derrière les haies du voisinage et, si l'intérêt retombait, ils ranimaient le combat d'un quolibet ou d'un caillou bien lancé.

En Vendée, comme ailleurs, il existe une progression presque rituelle dans l'insulte. Tout d'abord, on s'attaque à l'aspect extérieur de l'adversaire, puis à ses possibilités physiques, enfin à ses capacités mentales. Quand ces sujets sont épuisés, ce qui prend déjà un certain temps, on n'hésite pas à évoquer les antécédents de l'intéressé. S'il est banal de douter à la fois de la virilité des hommes et de la vertu des femmes, il est beaucoup plus subtil de personnaliser ses attaques en s'appuyant sur le témoignage de personnages disparus ou même mythiques. À partir de la quatrième génération, comme tout le monde a perdu le souvenir des ancêtres en cause, on peut se permettre d'apporter des précisions aussi odieuses qu'imaginaires.

Mais on ne peut pas toujours remonter dans l'histoire familiale. Il y a un moment où le souvenir de lointains parents perd toute consistance. Alors, par un mouvement de balancier, on revient au temps présent, tout en modifiant l'optique des actions considérées comme délictueuses. De ce fait, le jeu devient plus passionnant... pour les auditeurs. En effet, chacun révèle les pensées secrètes de l'adversaire, pensées jusque là insoupçonnées qui ont présidé à des faits connus de tout le monde et paraissant anodins. Ce sont, bien entendu, des intentions diaboliques ou perverses.

Toutefois, lorsqu'une telle accusation particulièrement odieuse ou invraisemblable surprend l'un des jouteurs, celui-ci peut rester coi ou se mettre réellement en colère. Dans ce cas, il a perdu et est virtuellement reconnu coupable des actes incriminés.

Ce jour-là, il faisait beau et doux. Le combat durait depuis longtemps. Les deux adversaires étaient brillants et les répliques équilibrées. C'est alors que le père Élie fut accusé d'avoir troqué discrètement sa vieille brouette contre celle, plus neuve, d'un sien cousin et cela pendant l'enterrement de ce dernier. Il avait profité de la cérémonie religieuse, à laquelle son anticléricalisme l'empêchait d'assister, pour perpétrer cet échange criminel. Le grief était mince, mais chose curieuse, le vieux accusa le coup, ce qui laissait croire qu'il y aurait peut-être là quelque chose de vrai. Plus rouge encore que de coutume, il aboya que la Blanche était une fille à soldats et que d'ailleurs, à la caserne de La Roche, autrefois... Mais la phrase resta en suspens, comme s'il en avait trop dit. La Blanche s'était tue également. Il y eut un long moment de silence ; puis, sans rien ajouter, chacun rentra chez soi, laissant les auditeurs perplexes

Ce qui se passa par la suite, ce fut Marcelet qui le raconta, Marcelet le voisin d'en face. Tout en travaillant dans son jardin, il gardait un œil sur les deux maisons d'Élie et de la Blanche, espérant que la lutte allait reprendre. Mais rien n'avait bougé depuis l'algarade du matin. Sur le coup de cinq heures du soir, au moment où la marée tournait, le ciel, si beau jusque là, se couvrit brusquement et le vent de galerne se leva. Le soir tomba peu à peu sans qu'aucune lumière ne vint s'allumer chez ses deux voisins. Au moment du dîner, Marcelet descendit dans sa cave pour chercher une bouteille. En remontant, avant de rentrer chez lui, il jeta machinalement un dernier regard de l'autre côté du chemin. Il aperçut alors quelque chose d'insolite. La porte du père Élie était grande ouverte et, dans l'encadrement, se découpait une silhouette immobile, une haute silhouette qui atteignait presque le linteau. Dans l'obscurité grandissante, on ne pouvait distinguer sa figure. Surpris, Marcelet s'arrêta. Au bout d'un moment, l'homme, sans refermer la porte, s'avança et s'engagea sur le chemin. Lorsqu'il passa à sa hauteur, Marcelet sursauta : c'était le père Élie. Il allait vite, la tête droite, le regard absent. Lorsque son voisin prit le tournant vers la mer, Marcelet réalisa seulement cette chose inouïe : le vieux s'était redressé et marchait sans ses cannes, d'un pas mécanique. Revenu de sa surprise, il posa sa bouteille sur le seuil de sa cave et le suivit. Mais l'autre avait de l'avance et filait bon train. Il l'aperçut vaguement qui traversait la plage, semblait-il, vers la mer dont on distinguait à peine la frange d'écume dans le noir. Puis il ne vit plus rien. Marcelet chercha un moment, mais le père Élie avait disparu. De retour chez lui, personne ne voulut le croire et sa femme l'accusa d'avoir inventé cette histoire pour s'attarder à la cave. Le lendemain, on trouva les cannes abandonnées dans la maison déserte et les sabots du père Élie sur la grève. Chacun pensa alors qu'il s'était passé quelque chose de pas ordinaire.

La mer rejeta le corps quatre jours plus tard. Les gendarmes, pour les besoins de l'enquête, allèrent chez la Blanche qui était la plus proche voisine du père Élie. On ne l'avait pas revue depuis le fameux soir. Quand ils frappèrent à la porte, personne ne répondit. Ce fut le brigadier qui entra le premier. Nul n'avait franchi le seuil depuis des années : qui aurait osé ? Mais ce jour-là, derrière les autorités, ils étaient nombreux à se presser pour voir comment c'était chez la sorcière. La chambre, mal éclairée, paraissait plus grande qu'elle ne l'était. Cependant, il n'y avait rien de diabolique dans la pièce. Tout était propre et net. Au fond, sur le lit, la Blanche était étendue. A son teint cireux, on voyait qu'elle était "passée" depuis plusieurs jours. Sur la table de nuit, à côté d'un Christ de bois sombre, il y avait une photo jaunie, dans un petit cadre d'argent. On reconnaissait au fond la caserne de La Roche ; au premier plan, une petite silhouette frêle était entourée de trois conscrits. Elle serrait la main du plus grand, en le regardant avec adoration. Ce beau gars qui prenait une pose avantageuse, ressemblait comme un frère au père Élie. Quand le Brigadier retourna le cliché, il eut un peu de mal à lire une date dont l'encre bleue avait pali : 20 juillet 1914.

L'affût

Souplot et moi, nous étions allongés, à l'abri d'un échalier, à attendre, le fusil à la main, le passage des canards qui, la nuit tombée, revenaient se nourrir dans les marais. Devant nous, le pré paraissait immense dans la demi-obscurité. Une odeur douçâtre d'herbes écrasées montait de la terre légèrement humide. Cela faisait déjà un moment que nous étions à l'affût et je me sentais un peu ankylosé. Je regardais le cadran lumineux de ma montre et je pensais : *« Encore au moins vingt minutes avant la première passée. »* Souplot s'agitait en soupirant et s'essuyait le front avec son mouchoir. Je me tournai vers lui :

— Qu'est-ce qui t'arrive, l'Ancien, tout va bien ?

— Bien sûr, mon gars, répondit-il, d'une voix assourdie.

— Tu as des crampes ?

— Non, c'est pas çà. C'est la guette qui me tourne les sangs et je pense à des choses.

— Des choses ? Quelles choses ?

— Des trucs pas drôles ; des souvenirs quoi.

— La guerre ?

— Oui. Je crois que je ne m'en déferai jamais. Il y a surtout une nuit qui revient souvent, une nuit comme celle-ci où la lune tarde à se lever… C'était au printemps 17, je crois, sur la Somme. En mars ou en avril, je ne sais plus. Nous étions tous aplatis au bord de la tranchée et on attendait le signal de l'attaque. C'était une nuit sombre, comme aujourd'hui. Les obus sifflaient au-dessus de nos têtes, allaient exploser en face sur les lignes allemandes. Le vacarme était infernal ; cela avait beau être celui de notre quotidien, on ne s'y habituait jamais. Tu restais là, immobile, cramponné à ton fusil, en essayant de ne penser à rien. Brusquement, le bombardement s'est arrêté. Il y avait encore le bruit d'explosions lointaines ; mais autour de nous, c'était le silence, un silence total, pesant. Rien ; le vide. L'odeur de la terre remuée et celle de la poudre mêlée à la puanteur des cadavres nous rappelaient que, dans quelques minutes, il allait falloir sortir... La peur, mon gars, la vraie, elle te fait mal au ventre, comme une envie de chier. Tu te colles à la terre pour te cacher ; en même temps, tu penses que cette terre va peut-être t'engloutir tout à l'heure. Alors, tu as envie de te lever, de foutre la camp. Mais tu ne peux pas bouger ; tu as trop peur. Il te semble que, si tu remues, le destin va t'oublier ; que tout va se passer sans toi.

Cette nuit-là, je ne suis pas prêt de l'oublier. C'est pourquoi je n'ai jamais pu aller à l'affût sans y penser, que ce soit sur le passage des cols-verts ou d'autres gibiers. Chaque fois, je suis au bord de la tranchée avec, devant moi, ma plaine vide et la mort qui attend pour faucher au hasard. Tu regardes à droite et à gauche en te demandant quels sont les copains qui ne reviendront pas. Puis c'est l'ordre de mettre baïonnette au canon et la gourde de gnole qui passe de main en main, une dernière fois. J'ai toujours aimé boire un bon coup, mais là, mon gars, t'as plus soif. On disait, entre nous, qu'à l'intendance, ils mettaient une saloperie dedans pour qu'on ne se rende compte de rien, qu'on soit comme des bêtes. De toute façon, la peur te rend pire qu'un animal et, pour sauver ta peau, tu serais capable de n'importe quoi. Ce soir, encore, j'ai l'impression que ce sont les Boches qui m'attendent de l'autre côté du pré.

— Tu ne vas pas me dire que tu as la trouille, toi, le héros aux douze citations.

— Y a que les cinglés qui n'ont pas peur, tu sais, mon gars, et c'est la crainte du conseil de guerre qui fait les héros ! J'en ai vu des types qui ont été fusillés pour pas grand chose. Après la guerre, on a appris qu'ils avaient été réhabilités ; çà leur faisait une belle jambe ! Alors, sur le front, tu fermes ta gueule et tu espères que tu passeras à côté...

Au coup de sifflet, on s'est redressé. Le lieutenant est monté sur le bord de la tranchée. Quand il a levé son sabre, on s'est regardé. Lui aussi avait la frousse. C'est bizarre, mais ça m'a rassuré. On a grimpé derrière lui, puis on s'est mis à courir, le plus vite possible, comme pour en finir. C'est la fuite en avant. Les canons se sont tus, mais les balles sifflent toujours. C'est alors qu'à la lueur des fusées éclairantes, j'ai vu une ombre devant moi. J'ai lancé mon fusil en avant comme on m'avait appris. J'ai perçu dans la crosse que je l'avais touché. C'est horrible cette sensation. Tu sens d'abord une légère résistance qui cède brusquement et ta baïonnette rentre sans effort. Tu perçois tout cela dans les mains comme si elles étaient, elles-mêmes, des armes. L'Allemand, emporté par son élan, a basculé sur moi et je suis tombé avec lui. J'avais l'impression qu'il allait m'étouffer. J'ai dû crier. Je me suis débattu et il a glissé sur le côté. Vite, je me suis relevé et, machinalement, j'ai repris mon fusil. Je suis resté un moment immobile, ne sachant que faire. J'étais seul ; la bataille s'était évanouie comme dans un rêve. En fait, l'attaque continuait, mais je n'entendais plus rien, ni les balles, ni les grenades. Dans ma tête, c'était le vide, plus un bruit. J'ai marché comme un somnambule et je suis arrivé au bord de la tranchée ennemie. Elle me semblait pleine de morts, toutefois, je ne me sentais pas concerné. C'est à ce moment que j'ai entendu qu'on m'appelait par mon nom. Cela m'a réveillé. C'était mon lieutenant. Il était là, blessé, presqu'à mes pieds. Je n'étais plus seul ; cela m'a redonné du courage. Quand j'ai voulu l'aider à se relever, il s'est évanoui. Alors, je l'ai pris sur mon dos. J'ai fait cela machinalement ; ensuite j'avoue que je me suis dit que c'était une bonne raison pour revenir en arrière.

Ça a été long. Il était lourd et il fallait contourner les trous d'obus. Pour s'orienter, il suffisait de tourner le dos à la bataille. J'étais épuisé quand je suis arrivé au poste avancé d'infirmerie. Je me suis aperçu que j'étais couvert de sang. Sang de l'Allemand ou sang du lieutenant ? Tous les sangs ont la même couleur. Sur le moment, j'ai eu une pensée idiote : je me suis demandé si cela partirait facilement au lavage ! C'est alors que je me suis rendu compte qu'une balle m'avait touché à l'oreille. Je n'avais rien senti. C'est comme ça que j'ai eu ma première citation.

Souplot se tut et tourna la tête, comme s'il regrettait ses confidences. Je frissonnais et, un instant, je me suis demandé si quelque chose n'avait pas bougé au bout du champ. Ainsi, le fantôme d'une guerre oubliée vivait encore dans la tête de ceux qui l'avaient subie mais qui n'en parlaient jamais ; comment les mots pourraient-ils raconter l'innommable ?

L'insecte

D'un doigt négligent, il déroule la mèche qui boucle sur son cou et la caresse légère remonte le long de la nuque. La peau y est douce et tiède. Il a tout à coup une envie folle de l'embrasser. Mais en se penchant sur elle, il croise son regard indifférent et sa main retombe, découragé. Il hésite un instant et déjà elle s'est levée. Il suit des yeux sa silhouette dansante et une angoisse insupportable l'envahit. Il reprend son verre, mire l'alcool à la lampe, puis son regard fait le tour de la pièce. Chaque objet lui est familier, trop familier même, et il se rend compte que cette ambiance douillette a un mauvais côté conjugal où leurs rapports s'étaient endormis.

Un excès de confiance a attiédi ces petites attentions qui entretiennent l'affection. Les gestes de tendresse se sont faits insensiblement plus rares, comme devenus inutiles, au moment même où ils seraient le plus nécessaires. Il n'a pas su franchir le cap dangereux où les liaisons trop longues deviennent habitudes. Chacun se demande ce qu'il fait avec l'autre ; pourquoi est-on lié avec celui-ci plutôt qu'avec celui-là ? Le premier venu a sa chance et, en la regardant de loin qui s'agite dans sa cuisine, il se demande soudain si elle a déjà rencontré son prochain amant.

Une sensation de vide le fait frissonner. Son regard glisse devant lui et, brusquement, se fixe sur un bol oublié sur la table. Une petite tache sombre s'agite au fond de la coupe blanche. Il se penche et aperçoit un insecte minuscule, tombé par hasard. Ses élytres bombées, d'un rouge franc, sont décorées de deux points noirs. Perdu dans ce gouffre blanc, l'insecte s'évertue à grimper le long de la pente brillante et, à chaque essai, ses pattes glissent, le ramenant vers le fond. Depuis combien de temps est-il là ? Sans vouloir croire à son impuissance, il recommence sans cesse sa vaine ascension. Par moment, il s'arrête, semble réfléchir, tourne en rond, puis se relance au hasard. Sans se décourager, il s'épuise en efforts inutiles dans une lutte inégale où il sait que son existence est en jeu.

Penché sur le bol, il suit ces tentatives dérisoires. Soudain, une idée fixe l'envahit, s'impose à son esprit, précise et évidente : cet insecte qui se débat contre un destin imbécile, c'est lui. Alors son attention se tend. Il se met à suivre avec angoisse les tentatives de l'insecte fragile et à espérer un miracle qui lui rendrait la liberté, comme si son sort à lui est lié à celui de cette poussière rouge et noire. A son image, il veut se forcer à croire à un avenir heureux. Son intuition est en défaut et les jours de bonheur ne sont pas finis. Pourquoi aurait-il des idées noires ? Le passé lui semble si proche. Il se revoit au premier jour. Il croit encore sentir son genou sous la table et sa main dans la sienne. Il entend encore son rire en parlant de leurs noces d'argent. Les souvenirs reviennent en foule. Peut-elle oublier tous ces instants où il la sentait si gaie, si vivante, si proche ?

Il se détend et ramasse un couteau sur la table pour aider l'insecte à sortir de sa prison. Mais sa main retombe. Le passé ne peut faire oublier le présent. La comparaison vient d'elle-même. Pourquoi sa peau ne frissonne plus sous ses doigts ? Pourquoi un sentiment d'impuissance le paralyse-t-il dans ce grand lit rose où il ne tient plus dans ses bras qu'une ombre, qu'un corps qui s'ennuie ? Pourtant, il guette anxieusement le moindre soupir quand il sent que ses caresses n'éveillent plus le désir. Chaque fois, il espère et chaque fois c'est un échec. Comment en sont-ils arrivés là ?

Et puis non, c'est trop ridicule. Elle ne l'aime pas ; elle l'a dit : leur relation n'est qu'un jeu, un jeu dont on se lasse. Alors, pourquoi se laisser aller à des regrets stériles ? Il se refuse à être malheureux à cause d'elle. Il ne lui donnera pas le plaisir de le renvoyer. C'est lui qui en a assez ; c'est lui qui décide de partir. C'est cet insecte stupide qui l'attendrit sur lui-même. Il saisit à nouveau le couteau, d'un geste rageur, pour l'écraser, pour faire taire ce tourment imbécile. Tout cela ne vaut pas un regret, pas un soupir. La lame glisse sur le dos bossu de la coccinelle. Sa gorge se serre : il lui semble que c'est elle qu'il va frapper. Sa main retombe une nouvelle fois.

A quoi bon se leurrer ! Il a besoin d'elle, de sa présence, de sa dureté même. Elle seule lui apporte cette détente, ce bien-être que réclame sa nervosité naturelle. Mais le mal n'est-il pas là ? Ce caractère égal, qu'il s'efforce d'avoir, agace. Elle prend pour un manque de tempérament ce qui n'est que patience amoureuse. Elle le voudrait presque méchant parfois ; il ne sait qu'être tendre. Elle cherche un homme ; il n'est qu'un esprit léger, toujours trop discret, maladroit souvent.

Toutefois, cette maladresse, ce désir de plaire, n'est-ce pas la marque de l'amour ? Oui, il en est sûr, il l'aime et... il l'a perdue ! Il se sent tout à coup très malheureux et ses yeux se brouillent. Il a un sursaut : il ne va pas pleurer, quand même ! Elle ne lui pardonnerait pas. Il serre les dents et s'essuie rapidement les yeux. Il voit qu'elle le regarde, depuis la cuisine. Il s'efforce de prendre un air désinvolte. Sa respiration reprend un rythme normal et son regard se reporte sur l'insecte prisonnier. Il vient d'essayer de s'envoler ; sans succès, n'ayant pas de point d'appui. Maintenant, il se repose, immobile, les ailes à demi-dégagées. Est-il résigné ? Non, il recommence méthodiquement sa vaine escalade. Quel exemple ! Croire à l'impossible ! Forcer la chance ! Pourquoi pas ? La volonté de réussir lui gonfle le cœur. Il serre les poings. Il va lui parler, lui dire qu'il l'aime, qu'il ne peut se passer d'elle, qu'il faut qu'elle lui fasse confiance, qu'il saura la rendre heureuse, qu'elle doit l'aimer, parce qu'elle l'aime déjà sans le savoir, qu'il va balayer tout ce qu'il peut y avoir d'artificiel et de provisoire entre eux, qu'il est nécessaire de parler de l'avenir, de leur avenir, enfin qu'ils vont tout recommencer autrement et mieux ! Il n'est pas possible qu'elle ne l'entende pas. Elle comprendra qu'il est sincère, qu'il lui apportera ce qu'elle cherche, que l'amour est un mot auquel il faut encore croire, que tout va changer. Il se lève...

Elle entre dans la pièce. Sans un mot, elle prend le bol et repart vers la cuisine. Il la regarde faire, puis, brusquement, il pense à l'insecte. Une angoisse le saisit. Elle va surement le voir et lui rendre la liberté. Il se précipite. Le bol est déjà rincé et l'eau achève de disparaitre dans l'évier. Ses yeux ne rencontrent que l'aluminium poli. Il n'a pas secouru ce petit insecte quand il était temps. Une tristesse profonde l'envahit. Il sent tout à coup que, pour tous les deux aussi, il est trop tard. Il n'a plus qu'à partir.

Sur le pas de la porte, il hésite un instant. Son regard évite le regard qui déjà ne le voit plus, glisse, comme un voleur, par-dessus l'épaule ronde pour emporter une dernière image, un dernier souvenir, et s'accroche désespérément à la tache rouge d'une rose de tissu. La porte se ferme doucement. Sa main levée en signe d'adieu retombe plus lentement encore. Une ombre rouge flotte un instant devant ses yeux, puis s'évanouit. Il entend qu'elle s'éloigne et c'est maintenant le silence, lourd et pesant. L'escalier lui donne le vertige. Il saisit la rampe glacée et descend en s'appuyant à chaque marche. La porte d'entrée se referme comme dans un rêve. Dehors, il lève les yeux sur la façade noire, dans l'espoir insensé qu'elle le rappelle. Il a froid, mal au cœur, un mauvais goût dans la bouche. La tête vide, il se sent étrangement calme, indifférent. Mais il sait que la douleur sera pour demain.

Visite au ministère

En tant qu'architecte, être chargé de l'entretien d'un bâtiment officiel est un travail qui, à première vue, paraît peu valorisant. La plupart du temps, il s'agit d'envoyer un plombier réparer un lavabo qui fuit ou un électricien changer une ampoule grillée. On peut s'étonner que le fonctionnaire qui constate l'incident ne fasse pas directement appel à l'ouvrier concerné. Mais la comptabilité publique a ses règles et la moindre dépense doit faire l'objet d'un ordre de service signé par le responsable. Vous me direz que l'on devrait intervenir dans l'urgence et régulariser ensuite. Si vous aviez appartenu à la fonction publique, vous sauriez qu'une telle pratique est passible des pires sanctions. En réalité, cela se fait souvent ; toutefois, personne n'a jamais reconnu la chose, en particulier à la Cour des comptes.

Il y a aussi le fait qu'un personnage, ayant une place éminente dans l'Administration, ne peut avoir comme interlocuteur qu'un fonctionnaire de cadre A. Par ailleurs, il est souvent nécessaire que l'homme de l'Art doive constater, de visu, la réalité du désordre d'abord, la bonne réalisation de la réparation ensuite. Dès lors, l'intéressé est en contact direct avec le service où se passe son intervention. Il peut ainsi voir la manière dont celui-ci fonctionne et, parfois, recueille des confidences sur la vie privée des politiques qui nous gouvernent. Le sacrosaint devoir de réserve ne s'applique qu'aux écrits ! Aujourd'hui, il est de bon ton de critiquer l'Administration et de dénoncer le sous-emploi de certains fonctionnaires. Cependant, il ne faut pas oublier que l'État fonctionne grâce à des fonctionnaires obscurs qui travaillent avec dévouement, sans compter leur temps, et qui corrigent discrètement certaines aberrations ministérielles.

Ce jour-là, un collègue et moi, nous sommes convoqués au ministère de l'Intérieur, place Beauvau. Après avoir montré patte blanche, précédés d'un huissier, nous franchissons plusieurs portes capitonnées et nous sommes introduits dans un vaste bureau. La pièce s'ouvre par deux grandes fenêtres sur la cour d'honneur. La présence de voilages, d'un tapis et de meubles de style indique la qualité de son occupant. A notre arrivée, l'homme qui nous accueille avec une condescendance polie est grand, distingué et vêtu d'un costume strict dont la boutonnière s'éclaire d'un discret ruban rouge. Il nous fait asseoir, puis retourne derrière son bureau. Il nous explique qu'il vient d'être nommé à la tête d'Interpol, service dont l'importance ne peut nous échapper. Au cas où nous aurions des doutes à ce sujet, il entreprend d'en faire un rapide historique, ainsi qu'un exposé sur ses principales missions.

Après quelques minutes d'un discours technique et indigeste, il en vient à la raison de notre convocation.

Comme tout central téléphonique, le service fonctionne grâce à des appareils de connexion, contenus dans des armoires. Malheureusement, le système actuel date de la guerre et l'ensemble est passablement périmé. L'honneur de notre pays veut que SON service soit pourvu, sous SA direction, d'un matériel nouveau qui bénéficiera des derniers perfectionnements de la téléphonie, afin d'être au niveau des services étrangers. Il a donc passé commande des armoires nécessaires et, ajoute-t-il : *« Comme l'État se doit d'avoir toujours ce qu'il y a de mieux, j'ai choisi des éléments de la plus grand taille, soit de quatre mètres de haut. »*

Or, le fabricant vient de lui annoncer que les armoires sont prêtes. Notre mission est donc de les installer dans les locaux occupés par son service. J'anticipe en précisant que, quelques jours plus tard, nous avons mesuré les hauteurs sous plafond dans chaque pièce et constaté qu'elles ne dépassent pas trois mètres cinquante. L'installation qui, au premier abord, parait très simple se révèle finalement insoluble. En effet, il est exclu de modifier le niveau des planchers. Il a fallu, par la suite, installer une salle spéciale sous la cour avec un câblage spécial pour desservir le service en étage. A ce coût supplémentaire, il faut ajouter les frais de gardiennage, payés au fabricant, le temps que les travaux soient réalisés. Tout cela parce que personne n'a songé à mesurer la hauteur des locaux avant de passer commande !

Mais revenons à notre sujet. Une fois son exposé terminé, le directeur se lève et nous invite à visiter son service. Celui-ci occupe tout un étage dans un bâtiment, situé rue Cambacérès. Nous franchissons deux portes capitonnées, à l'opposé des premières, et nous nous trouvons dans un couloir qui tourne autour d'une cour d'immeuble. D'un air important, notre cicérone ouvre une première porte en nous expliquant le rôle capital de ses occupants. Il a un léger haut-le-corps en découvrant que la pièce est vide ! A onze heures du matin, c'est pour le moins surprenant. Les bureaux sont bien rangés, montrant que l'absence n'est pas accidentelle. Refermant la porte, d'un air faussement désinvolte, monsieur de directeur fronce les sourcils et excuse ses subordonnés qui ont sûrement une bonne raison pour s'être absentés. Il passe à la suivante en poursuivant son exposé. Malheureusement, le deuxième bureau est aussi vide que le premier. Le troisième et le quatrième présentent le même aspect. Le directeur ne parle plus, ses oreilles rougissent et nous entendons le souffle d'une exaspération légitime. De notre côté, nous réprimons notre envie de rire, cependant que, d'un regard neutre, nous nous intéressons à la morne perspective du couloir dont toutes les portes s'ouvrent sur un service désert. Toutefois, une odeur bizarre flotte dans l'air. Sur le moment, personne n'y prend garde, pas plus le directeur furieux et vexé que ses deux visiteurs, témoins de cette présentation comique. Enfin, arrivé à l'extrémité de son service, le directeur ouvre rageusement la dernière porte. Et là, ô surprise, dans la pièce bourrée comme un œuf, une trentaine de personnes, pétrifiées en nous voyant, font sauter des crêpes. Nous réalisons alors que c'est le jour de la Chandeleur !

Des bagatelles essentielles

C'était un solitaire ; non pas enfermé volontaire dans une tour éburnéenne, mais ouvert sur le monde avec une avidité gourmande. Historien, spécialiste de la Troisième république, sa science du passé n'avait en rien altéré son intérêt pour l'Histoire qui se construisait au présent. Il était à l'affût du moindre évènement et en annonçait les conséquences politiques avec un discernement rarement en défaut. Ancien élève de l'École normale, professeur de cagne à Henri IV, il avait été adoré de ses élèves qui le traitaient avec une familiarité déférente. Des éditeurs lui avaient fait des offres pour remplacer des manuels trop anciens. Il avait refusé *« par paresse »*, disait-il. C'était peut-être vrai ; car, s'il peaufinait ses cours, c'était par respect pour ses auditeurs, mais aussi, comme tout véritable paresseux, pour ne pas avoir à les reprendre. Un fait illustre son caractère : un de ses anciens élèves, devenu ministre de l'Éducation nationale, lui téléphona : « *Mon premier coup de fil est pour vous ! Qu'est-ce qui vous ferait plaisir ?* » Il répondit sans hésiter : *« Fous-moi à la retraite ! »*

Dès lors, sa vie s'écoulait entre la lecture des journaux, la marche à pied et les discussions avec des amis choisis. Ses opinions étaient toujours pertinentes, mais toujours empruntes de tolérance.

Il avait connu personnellement toute l'élite intellectuelle et littéraire de sa génération. En particulier, à la cantine de l'École normale où les élèves déjeunaient par table de quatre, ses commensaux étaient Aaron, Sartre et Nizan. La brillante intelligence de ce dernier l'avait fasciné.

Dans un milieu souvent "carriériste" où ses capacités auraient dû lui donner une place brillante, son absence d'ambition étonnait. Pour un homme de son intelligence, une telle position dénotait une philosophie particulière de l'existence, une sorte d'épicurisme raisonné, dénué de tout excès. A celui qui l'interrogeait là-dessus, il répondait, avec un sourire désarmant, que la vie était trop courte pour la perdre en réflexions vaines.

Pourtant, au fil de nos entretiens, je crois avoir compris les raisons de son attitude qu'il faut chercher dans son enfance comme pour la plupart d'entre nous. Ayant perdu son père très tôt, il a grandi entre une mère excessive et une vieille bonne dévouée. De leur atmosphère étouffante, il s'échappait souvent pour courir la campagne. Enfant solitaire, il trouvait le bonheur en de longues promenades dans cette Ardèche qui, comme tous les terroirs, ne se livre qu'à celui qui l'aime. La nature a été sa première maîtresse et il n'a jamais oublié son enseignement, fait de couleurs, de bruits, de senteurs et surtout de libertés. La lecture lui a ouvert d'autres horizons et l'École normale lui est apparue comme une évidence. Sa jeunesse a été tentée un instant par la politique. Mais la guerre et la captivité lui ont montré la vanité de l'ambition. C'est alors qu'il est devenu celui que nous connaissions : un homme libre, démarqué de la masse de ses contemporains, pour lui esclaves de leur vanité. Plus tard, devenu presque aveugle, ayant perdu l'amitié des livres, il aimait se confier et c'est ainsi que j'ai pris note de ces quelques confidences qui révèlent le secret de son ataraxie, sagesse d'une vie droite exempte de véritables soucis. Les voici telles quelles, du moins dans leur esprit.

« Nos sens nous lient au monde qui nous entoure. Vivre, c'est apprendre à s'en servir. Apprécier la finesse d'un plat et son fumet, distinguer un grand cru d'un vin médiocre, goûter la satisfaction d'une digestion heureuse, sont des évidences. Mais au-delà de ses satisfactions banales, il y a bien autres choses. D'abord, le partage. Le fait de ne pas être seul à passer un moment agréable à table renforce les liens entre les convives. Ensuite, le bien-être favorise une simple entente ou une confidence difficile. Enfin, il y a le souvenir. Devant certaines préparations, une comparaison s'impose avec des repas passés (ma mère réussissait si bien le rôti de veau à la moutarde !). Cette nostalgie, j'en ai peut-être abusé ; mais elle m'a consolé de bien des déboires. Bien qu'il soit important, le goût n'est pas le seul à me réjouir et à me permettre de me remémorer le passé. Le parfum d'une fleur ou la fumée d'un feu de bois, c'est toute mon enfance qui chante dans ma tête. Le sable qui coule entre les doigts, ce sont des vacances sur la plage, quand la brise de mer se glisse derrière mon oreille. Chacun d'entre nous a ses symboles : le trille aigu du martinet, c'est l'été et le cri grinçant de la mouette, l'océan. Pour Pierrot, la lune sera toujours une confidente et pour moi, la nuit, la compagne heureuse de ma solitude.

Il y a la musique, bien sûr. Rien ne vaut Mozart. Le miracle de la perfection qui parle à l'oreille et nous enchante, peut-être parce qu'un son est éphémère. Mais le plus grand des musiciens, c'est le vent qui murmure un air léger dans les peupliers, plus grave dans les sapins dont l'obscurité décourage les oiseaux, ou qui transforme la tempête en une symphonie fantastique. Enfin, le silence de la nuit, peuplé d'une foule de bruits, se prête à toutes les rêveries. Que de fois, dans mon petit lit d'enfant, je l'écoutais en laissant courir mon imagination. Quand l'oreille prête attention à ce qui l'entoure, l'œil s'émerveille devant les couleurs. L'été, c'est le matin et le soir que le regard les saisit le mieux ; le soleil de midi les grille et la brume les estampe. La nature a le don du camaïeu. Que ce soit celui de la forêt où l'automne met quelques taches rouges, celui des feuilles mortes où les ocres dominent, celui des champs où les coquelicots jettent des gouttes de sang sur l'or des blés. Enfin, il y a la mer, toujours différente, qui mélange tous les bleus, depuis des violacés lointains jusqu'au vert des vagues qui tourne au gris les jours d'hiver, quand l'horizon se peuple de troupeaux de moutons. Regarder donne envie de peindre pour garder le souvenir d'un instant de bonheur.

Vous me demandez pourquoi je reste à Paris et ne vais plus en Ardèche ? Ce pays que j'ai tant aimé est devenu un cimetière et je ne serais plus qu'un étranger pour les jeunes générations. De plus, j'aurais trop peur de ne pas reconnaître les paysages de mon enfance, de les voir défigurés par les villas sans âmes. Enfin, j'ai perdu la candeur de l'enfance, la ville m'a perverti et je crains de ne pouvoir ressentir pleinement ces instants magiques où l'on se sent en communion avec la nature, où tous nos sens sont en éveil. Alors je préfère me souvenir des émotions d'autrefois. Parmi ces moments privilégiés, il en est un qui m'a toujours fasciné : c'est le passage du jour à la nuit. C'est au bord de la mer qu'il prend toute sa plénitude. Je me souviens de soirs d'été où, assis sur la dune, j'assistais à ce spectacle qui me ravissait. Lorsque le soleil descend vers l'horizon, le ciel, peu à peu, s'enflamme et il y a souvent des nuages légers dont les teintes pastel se retrouvent dans les toiles du XVIIIe ; tandis qu'à l'opposé, dominent des gris-rosé, évoquant la délicatesse de la gorge de pigeon. Pourquoi faut-il que, de ce moment magnifique, la photographie donne seulement une image d'une brutalité vulgaire, alors que seul le peintre peut lui rendre toute l'émotion éprouvée par l'homme devant la disparition du soleil ? Souvenir d'une angoisse animale ? Les oiseaux la ressentent: brusquement, ils se posent et se taisent. Le vent, lui-même, tombe à l'instant du dernier rayon (vert), ultime adieu du soleil. Le temps "écoute". Puis tout bascule. La température chute de trois degrés en quelques secondes. Le sable tiède devient froid. Une brise fraîche se lève et l'ombre saccadée de la première chauve-souris égratigne le ciel qui vire au bleu de Prusse. Un léger frisson me conseille de rentrer avec au cœur le souvenir de cet instant précieux où s'installe le mystère de la nuit et que je ne partage avec personne. Ainsi, toutes ces choses sans importance, qui forment le monde qui m'entoure, sont des bagatelles qui me sont essentielles et qui m'importent plus qu'une gloire éphémère, dispensée par les hommes. »

Il est mort à la fin de l'été. Il avait fait très chaud, cette année-là, à Paris. Tous ses amis étaient en vacances. Il a oublié de manger, peut-être parce que tous ces petits riens, dont il parlait si bien, n'arrivaient plus à peupler sa solitude.

Un rêve...quelquefois

Debout devant l'entrée, il attend. Les dix étages de l'immeuble le dominent. Le soleil couchant rosit les façades et joue dans les carreaux. Il est fasciné par cette masse immobile, froide, pourtant toute vibrante de la foule qu'elle contient. Des enfants invisibles s'amusent quelque part. Il lui semble que c'est le mur qui crie ou qui respire quand une fenêtre s'ouvre ou se ferme. Cette machine de béton est vivante de la vie de ces fourmis qui entrent et sortent, indifférentes à lui. Pour une fois, il est le témoin d'un monde auquel il est étranger. Cette agitation lui paraît dérisoire. Toutefois, sa vie quotidienne n'est-elle pas vaine, elle aussi, aux yeux des autres ?

Quelle importance ont-elles, ses responsabilités professionnelles ? Elles occupent tout son temps ; ce temps toujours découpé avec précision, dont chaque minute est prévue, classée longtemps à l'avance. Est-ce parce qu'à cet instant personne ne sait où il est ? Mais il lui semble qu'il s'est évadé ! Il est descendu en marche du train de ses habitudes. Il a l'impression que quelqu'un qui lui ressemble a pris son avenir en main ; un double qui ne veut pas connaitre son passé, qui l'encourage à traverser le miroir de ses illusions pour aller vers autre chose. Est-ce cela mourir ? Franchir un seuil devant lequel on passe chaque jour ? Pousser la porte d'un rêve inconscient et vaguement désiré ? Il caresse la poignée de cuivre de la porte. Son image se reflète dans la glace. Elle est déjà entrée et elle l'attend. Pourtant, rien ne presse. Il recule doucement. Il sait qu'il entrera, tout à l'heure, avec elle. Tournant le dos à l'immeuble, il lève les yeux vers le ciel tendre. Cette clarté, cette transparence lui gonfle le cœur. Il se revoit enfant, quand le temps ne comptait pas ; allongé sur le dos, il suivait la course des nuages et s'attachait à distinguer les variations du bleu d'un ciel d'été. L'instant est suspendu. Il se sent bien, libre, heureux et lui, si nerveux d'habitude, il est merveilleusement calme. Il attend.

Elle est arrivée sans bruit. Phrases banales : la santé, le temps... Ils se sont retrouvés naturellement, comme s'ils s'étaient quittés le matin ; une sorte d'habitude sans surprise. Pourtant combien d'années depuis leur dernière rencontre ? Quelle importance ? C'était hier ! Sans effort, il pousse cette porte de verre qui le fascinait tout à l'heure. L'ombre de l'entrée l'enveloppe. L'ascenseur l'entraîne. Puis c'est de nouveau la lumière, quand l'appartement s'ouvre comme une promesse. Quelle joie tranquille de s'asseoir, de prendre un verre et de parler. Les mots se pressent, mots que l'on écoute à peine, simplement heureux d'entendre chanter sa voix. Ils se lèvent pour aller dîner. Le charme n'est pas rompu. Le restaurant est tranquille. Une petite table dans un coin :; la lampe discrète ; le plaisir d'être ensemble. Les plats que l'on prend le temps de choisir, de déguster. L'alcool qui chauffe, qui engourdit. Toujours cette impression d'ubiquité merveilleuse ; ce temps qui passe, si léger.

Un dernier verre ? De nouveau l'appartement, obscur cette fois. La lampe est une étoile dans la pièce qui paraît agrandie. Le silence est si profond que les mots ne parviennent pas à le briser. Il flotte une impression d'irréel, d'invraisemblable. Il n'y a plus ni passé, ni avenir, rien qu'un présent interminable, une sorte d'éternité qui pèse et angoisse un peu. Une musique douce détend l'atmosphère, les ramène à leurs souvenirs. L'écheveau se déroule à l'envers. Les années remontent, une à une, plus précises à mesure qu'elles sont plus éloignées, jusqu'à la première, jusqu'à cette soirée où...

Il avait plu toute la journée. La plage humide paraissait plus sombre dans la nuit grise. L'air était froid. Ils étaient seuls pour la première fois. Pendant tous ces jours de vacances, il n'y avait eu entre eux ni une parole équivoque, ni un geste hardi. Ils étaient deux camarades, peut-être deux amis. Demain, chacun allait partir de son côté. Pourtant, ils s'étonnaient de leur tristesse et n'avaient pas envie de rentrer. Ils marchaient dans le sable, au hasard, sans rien dire, souffrant de leurs nerfs inexplicablement tendus. Qui parla le premier de feu de camp ? Nul ne s'en souvient. Mais, tout de suite, ce fut pour lui le prétexte à agir, à calmer cette crispation qui devenait intolérable. Chercher quelque chose qui brûle, mais tout est humide. C'est alors qu'il pensa à un vieux fauteuil de rotin, bien sec, qui traînait sous un auvent, à l'abri de la pluie. Sur la plage immense, noire et froide, il y eut un point de chaleur, une flamme claire qui se tordait comme leur angoisse.

Attentifs au crépitement du feu, ils se taisaient, cherchant, sans les trouver, les mots qu'ils voulaient se dire. Leurs mains se crispaient de ne pouvoir se tendre. Leurs visages impassibles s'épiaient mutuellement, guettant une faiblesse chez l'autre, faiblesse qui aurait rendu possible quelque chose ; mais quoi ? Le bois trop sec avait brûlé trop vite et l'ombre avait masqué de nouveau leurs regards. Ils avaient la sensation déchirante d'une occasion perdue, irrémédiablement. Enfin, ce furent des adieux conventionnels faussement décontractés ; puis ce vide qui les envahissait en entendant le pas de l'autre s'éloigner.

Une fois de plus, on en reparle de cette soirée. C'était quand déjà ? Vingt ans ! Vingt ans de vie raisonnable, pour trouver au bout une petite place parmi d'autres gens tout aussi raisonnables, avec l'estime de ses voisins et la considération de sa concierge... On en rit ; on se moque de soi ; on se méprise peut-être. On veut jouer au blasé... Mais que se passe-t-il ce soir ? Il y a ce silence qui s'insinue, s'infiltre, s'impose. La musique en sourdine, c'est la mer qui murmure sur la plage. Ce courant d'air, c'est le vent froid du large. L'ombre parait s'épaissir et la lampe palpite comme une flamme. Le cœur se serre comme autrefois et les mots s'arrêtent. Puis tout bascule, ses lèvres, ce baiser qui mord, ces corps tendus, l'amour que l'on fait avec rage, comme pour rattraper le temps perdu. Enfin, le sommeil détendu, merveilleux, libéré !

Ils se sont réveillés sans surprise, dans ce lit froissé, comme si leurs corps nus étaient faits l'un pour l'autre, de toute éternité. Sans un mot, chacun fait les gestes quotidiens, en regardant la pendule, inquiet de ce temps qui, après s'être arrêté pour eux, semble vouloir aller maintenant plus vite. Une fois habillés, ils ont partagé le café en silence. Quels mots pour définir leurs sentiments ? Une phrase malhabile donnerait une réalité banale à cette soirée que, d'un accord tacite, ils veulent laisser dans le domaine du rêve. Il l'embrasse doucement, lui dit au revoir simplement et la porte se referme.

Dehors, le soleil l'éblouit. Le ciel est d'un bleu triomphant. Il se retourne. L'immeuble n'est plus qu'un mur hostile, un monde étranger. Les habitudes reprennent le dessus. Il se retrouve à l'endroit où, la veille, il a cru leur échapper. Il pense au premier rendez-vous de la journée, regarde sa montre et s'en va, sans tourner la tête. Il est heureux parce que la journée sera belle et, peut-être aussi, parce qu'il garde maintenant, dans un coin de son cœur, mieux qu'un souvenir heureux : un songe ; un songe dont il commence déjà à douter.

Table des matières

Du même auteur

1972-1974 — Trois plaquettes, Châteaux, églises et abbayes de Vendée (Nouvelles Éditions latines).
1976 — La Vendée romane (Éditions du Zodiaque). Prix Petiet de l'Académie Française, Prix du Patrimoine architectural du ministère de la Culture.
1983 — Églises et abbayes romanes en Vendée, thèse de doctorat (Éditions Jeanne Laffitte, Marseille).
1983 — L'Arc de Triomphe et le Carrousel (Éditions Ouest-France).
1984 — L'art roman en Vendée (Éditions Ouest-France).
1985 — La Sainte-Chapelle (Éditions Ouest-France).
1986 — La Conciergerie (Éditions Ouest-France).
1987 — Logis et demeures de Vendée (Éditions d'art Naudé des Moutis).
1995 — Les comtes de Poitou, ducs d'Aquitaine (Geste Éditions). Prix Jean-Jacques Audubon et prix de la Société des écrivains de Vendée.
2002 — Guillaume IX, le duc troubadour (Geste Éditions).
2007 — Se souvenir de la Vendée (Geste Éditions) en collaboration avec Michel Gautier.
2010 — La vie comme un poème, (Éditions Les Chantuseries).

Illustration de couverture :
Gouache de l'auteur

Impression : Imprimerie Jauffrit
Le Poiré-sur-Vie (Vendée)
Dépôt légal : octobre 2010
N° d'imprimeur : 11079

IMPRIM'VERT®